NATUR IN FARBE

MINERALIEN
erkennen, bestimmen, sammeln

MINERALIEN
erkennen, bestimmen, sammeln

Text: J. Kouřimský
Illustrationen: L. Pros

GONDROM

Sonderausgabe für Gondrom Verlag GmbH & Co. KG., Bindlach 1995

Text: Dr. J. Kouřimský
Illustrationen: L. Pros
Ins Deutsche übertragen von R. Winkler
Graphische Gestaltung: S. Valoušková
Umschlaggestaltung: Aventinum
3/10/03/52-25
Printed in the Czech Republic
ISBN 3-8112-1282-6

INHALT

EINLEITUNG

Seit alten Zeiten üben bestimmte Mineralien eine „Anziehungskraft“ auf den Menschen aus. Andere, weniger auffällige oder unansehnliche Mineralien entgingen für Jahrtausende seiner Aufmerksamkeit. Zwischen den bezaubernden Edelsteinen aus unberührten Gesteinshohlräumen und den staubgroßen Mineralien im Erdboden vermittelt eine mannigfältige Reihe vieler Hunderter Mineralien, von denen nur einige Dutzend die Hauptmasse der Erdkruste ausmachen.

Mineralien sind physikalisch und chemisch einheitliche Bestandteile unserer Erde. Sehr viele von ihnen liegen als Kristalle vor. Kristalle sind häufig Zeichen der Ordnung und Reinheit, die schönsten unter ihnen in ihrer Klarheit und in ihrem Glanz auch Bilder der Vollkommenheit. So mag es nicht verwundern, daß ihnen schon seit altersher Heilwirkungen zugeschrieben wurden.

Dieses Bändchen soll ein Schlüssel zu einer Schatzkammer sein, deren Reichtum in der Schönheit des Mikrokosmos besteht. Die Beständigkeit der meisten Mineralien erlaubt es dem Sammler, sich das gefundene Stück und damit den Anlaß seiner Entdeckerfreude zu bewahren. Diese Freude der Entdeckung, des Erkennens und des Sammelns möge auf die Leser des Buches überspringen.

Prof. Dr. G. Troll
Mineralogisch-Petrographisches
Institut der
Universität München

FORM DER MINERALIEN

Die überwiegende Zahl der Mineralien und zahlreicher anderer fester Stoffe kann unter bestimmten Bedingungen die sogenannten *Kristalle* herausbilden, das sind durch ihre Flächen begrenzte Körper. Einige sind klein und nur unter dem Mikroskop sichtbar, andere sind wieder einige Meter lang. Betrachtet man einige kristallisierte Mineralien, dann stellt man fest, daß die Kristalle in ihrer Form fast immer gleich sind. Schon daraus geht hervor, daß die Kristallform nicht zufällig ist, sondern daß sie sich nach bestimmten Gesetzmäßigkeiten richtet. Mit dem Studium und der Erklärung dieser Gesetzmäßigkeiten, ebenso wie mit der Beschreibung der Kristallformen verschiedener Stoffe, befaßt sich die *Kristallographie.* Die Naturwissenschaftler beobachteten die Form der Kristalle schon vor sehr langer Zeit, doch erst im 17. und 18. Jahrhundert entstand die Kristallographie als reale Wissenschaft.

Der grundlegende Unterschied zwischen einem Kristall und der nichtkristallinen Masse beruht jedoch nicht nur auf der gesetzmäßigen äußeren Begrenzung durch die Kristallflächen. Der grundlegende Unterschied besteht in ihrem inneren Aufbau, d. h. in der Verteilung der kleinen Maßteilchen — der Moleküle, Atome und Ionen. In gasförmigen Substanzen, in Flüssigkeiten und nichtkristallinen festen Stoffen (zum Beispiel im Glas) sind diese kleinen Teilchen unregelmäßig (chaotisch) verteilt. In den festen kristallinen Stoffen sind die Teilchen dagegen in regelmäßigen Reihen angeordnet. Diese Reihen wiederholen sich räumlich in allen Richtungen. Die Kristallform ist der äußere Ausdruck dieses inneren Aufbaus. Ihm entsprechen auch die meisten physikalischen Eigenschaften des kristallisierten Stoffes. Deshalb kann man aus der Kristallform oft auch auf bestimmte Eigenschaften der Stoffe

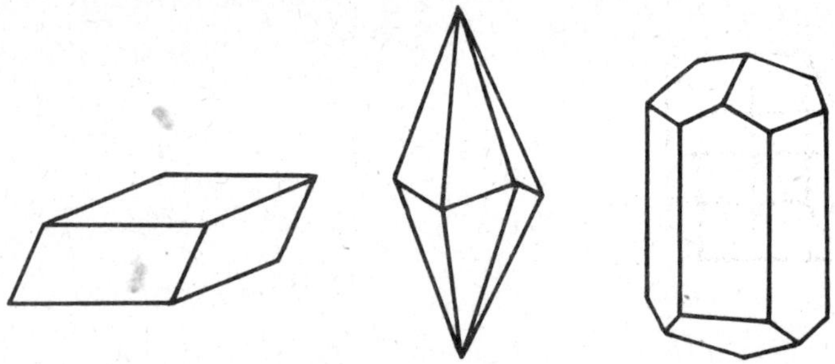

Abb. 1 Verschiedene Formen der Kalkspatkristalle

schließen. Wie bereits erwähnt wurde, kristallisieren einige Mineralien in bestimmten charakteristischen Formen. Die meisten Mineralien kristallisieren aber in mehreren verschiedenen Formen. Etwas haben diese Formen aber gemeinsam: sie weisen die gleiche Symmetrie auf, die der Symmetrie der Gruppen kleinster Maßteilchen entspricht. Nach dieser Symmetrie werden alle Kristalle in sieben Gruppen unterteilt, die *Kristallsysteme* genannt werden:

1. triklines System (einige Feldspäte)
2. monoklines System (monokline Feldspäte, Glimmer, Gips, Augit, Amphibol, Wolframit)
3. rhombisches System (Aragonit, Antimonglanz, Markasit, Schwerspat, Topas)
4. tetragonales System (Kupferkies, Zinnstein)
5. hexagonales System (Beryll, Apatit)
6. rhomboedrisches System (Quarz, Kalkspat, Korund, Hämatit, Turmalin, Dolomit)
7. kubisches System (Flußspat, Bleiglanz, Steinsalz, Magneteisenstein, Granat)

Die Kristalle werden in die einzelnen Systeme nach einem bestimmten Typ des sogenannten Achsenkreuzes (Abbildung) eingereiht. Jedes Achsenkreuz entspricht der Kombination bestimmter Symmetrieelemente; die höchste Symmetrie ist im kubischen System, die niedrigste im triklinen System zu verzeichnen. Die Kristalle jedes Systems

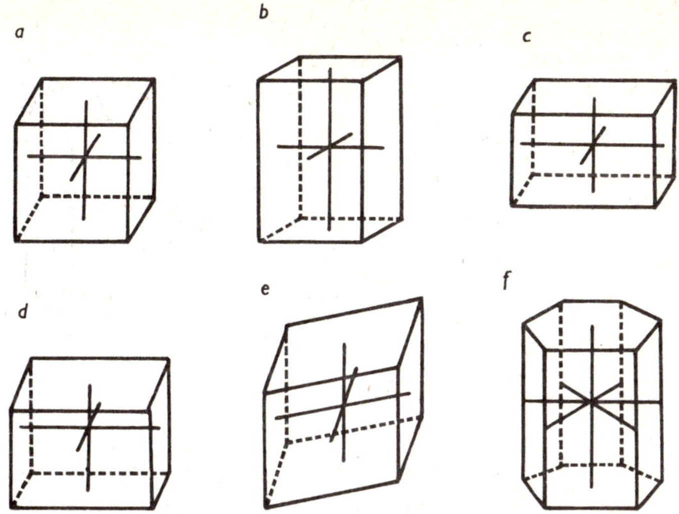

Abb. 2 Achsenkreuz des *a*) regulären *b*) tetragonalen *c*) rhombischen *d*) monoklinen *e*) triklinen *f*) hexagonalen bzw. rhomboedrischen Systems

können nur bestimmte Kristallformen aufweisen, die der betreffenden Symmetrie entsprechen. Das bedeutet, daß für ein bestimmtes Kristallsystem nur bestimmte Kristallformen charakteristisch sind.

Die Hauptfaktoren, die die Kristallform jedes Minerals bestimmen, sind seine chemische Zusammensetzung und die physikalischen Wachstumsbedingungen, hauptsächlich die Temperatur und der Druck. Die Kristalle entwickeln sich während ihres Wachstums nicht immer völlig gleichmäßig nach allen Seiten, weil verschiedene äußere Einflüsse eine derartige ideale Herausbildung der Kristallflächen unmöglich machen. Anstelle gleicher Kristallflächen entstehen unterschiedlich ausgedehnte oder verkürzte Flächen, oder sie können auch ganz verschwinden.

Die Größe und Entwicklung der einzelnen Kristallflächen sind jedoch nicht das Wichtigste. Entscheidend ist, daß die einzelnen Kristallflächen jeweils den gleichen Winkel einschließen. Auf der Grundlage von Messungen der Größe

Abb. 3 Hexagonal symmetrische Skelettkristalle des Wassers (Schneeflocken)

dieser Winkel ist die gesamte beschreibende Kristallographie aufgebaut. Zur Winkelmessung werden Geräte, genannt *Goniometer,* verwendet.

Für einige Mineralien sind die Unebenheiten der Kristallflächen *(Akzessorien)* charakteristisch, die entweder während des Wachstums der Kristalle oder durch deren Verwitterung und Ätzung entstehen. Sie können deshalb ein wichtiges Merkmal auch bei ihrer Bestimmung sein (zum Beispiel Streifung der Pyritkristalle). Die Wachstumsgeschwindigkeit der Kristalle in verschiedenen Richtungen ist unterschiedlich. Ebenso unterschiedlich sind in den verschiedenen Richtungen auch die physikalischen Eigenschaften der Kristalle (Härte, Farbe, sonstige optische Eigenschaften, elektrische Leitfähigkeit).

Wenn viele Kristalle gemeinsam wachsen, stoßen sie aufeinander und behindern sich gegenseitig. Stößt ein Kristall während des Wachstums gegen einen benachbarten, kann er in dieser Richtung nicht weiterwachsen, in anderen Richtungen setzt sich jedoch das Wachstum fort. Aus diesem Grunde haben die Mineralkörner in den Gesteinen eine ungleichmäßige Form. Im Gegensatz dazu entwickeln sich Kristalle, die in einem weichen, plastischen und leicht zu durchdringenden Me-

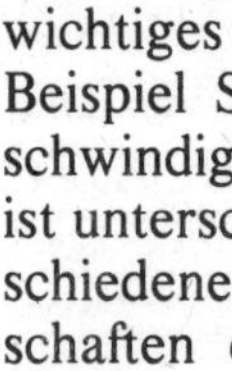

Abb. 4 Ungleichmäßig entwickelter Quarzkristall

dium entstehen, oft sehr vollkommen. Manchmal entstehen Kristalle an Klüften bereits erstarrter Gesteine, wo sie sich entweder aus dem Wasser, aus Dämpfen oder aus Gasen ablagern. An der Gesteinsunterlage, auf der die entstehenden Kristalle aufliegen, können sich keine Kristallflächen herausbilden; sie entstehen nur an den übrigen freien Seiten. Die unter solchen Bedingungen entstandenen Kristalle bilden meistens ganze Gruppen

Drusen und Geoden

Die *Drusen* sind Gruppen von Kristallen, die annähernd gleichlaufend auf der gemeinsamen Unterlage wachsen. Zu einem ähnlichen, gleichlaufenden Wachstum der Kristalle kann es nur dann kommen, wenn die Wand der Kluft (des sogenannten Drusenhohlraumes) annähernd gerade ist. Bildet die Kluft einen mehr oder weniger kugeligen Raum, so daß die gewachsenen Kristalle mit ihren freien Enden in Richtung zur Mitte in den Hohlraum hineinragen, dann spricht man von einer *Geode* (Quarz, Zeolithe, Kalkspat). Das Vorkommen der Mineralien in Drusen und Geoden ist sehr verbreitet. Häufige Drusenmineralien sind Quarz, Kalkspat und Schwerspat. In großen Hohlräumen und Klüften entstehen oft großartige Kristalle dieser Mineralien. In den sogenannten „Kristallkellern" des Nordurals wurden zum Beispiel Bergkristalle mit gleichmäßiger Kristallform und einem Gewicht von fünfhundert Kilogramm gefunden. Im Sommer des Jahres 1945 wurde in Wolhynien (Ukraine) ein Quarzkristall mit dem Gewicht von zehn Tonnen gefunden. Ähnliche Kristalle sind aus den Alpen und die größten überhaupt aus Madagaskar bekannt.

Anhäufungen und kristalline Aggregate

In den Drusen und Geoden sind die Kristalle mehr oder weniger gleichmäßig nebeneinander gruppiert. Wenn die

Kristalle innerhalb der Gruppe unregelmäßig zusammengewachsen sind, und die jüngeren Kristalle über die älteren hinauswachsen, spricht man von *Anhäufungen.* Diese Anhäufungen werden häufig von sehr kleinen Kristallen, oft mit nur unvollkommen begrenzten Flächen, gebildet; man nennt sie *kristalline Aggregate.* Die Aggregate werden nach der Anordnung der Kristalle, die sie bilden, bezeichnet. Man unterscheidet nach der Form der Einzelkristalle körnige (grob- und feinkörnige), strohförmige, nadelige, haarförmige und faserige, tafelige, blättrige, schuppige, strauchförmige und drahtige Aggregate. Einige Arten der Aggregate mit kompliziertem Aufbau bezeichnet man außerdem mit speziellen Namen. Man nennt zum Beispiel die samen- bis kugelförmigen Aggregate, die der Erbsenstein, der Hämatit und andere Mineralien herausbilden, *Oolithe.* Das gesamte Aggregat wird durch die einzelnen Dünnschichten gebildet, die aus nur unter dem Mikroskop sichtbaren Kristallen zusammengesetzt sind.

Derbe Mineralien und Knollen

Außer den angeführten Aggregaten existieren noch *derbe Mineralien.* Das sind im wesentlichen Teile der einzelnen Kristalle ohne deutlich sichtbare äußere Begrenzung.

Für knollenartige Formationen in den Sedimentgesteinen benutzt man in der Mineralogie und Petrographie den Begriff *Konkretion.* Am häufigsten haben sie eine kieselige Zusammensetzung (Hornstein, Opal, Chalzedon). Man findet sie in Kalksteinen und Serpentinen. Auch verschiedene Abarten des Chalzedons oder Opals bilden die *Knollen* aus, die durch Ablagerung der harten Körperteile abgestorbener Meerschwämme entstanden sind. Sie bilden sich durch Ablagerung verschiedener mineralischer Stoffe um einen Kern, der ein Mineralkorn oder ein organischer Überrest sein kann. Oft sind die Konkretionen auch ohne irgendwelche feststellbare Kerne anzutreffen.

Oft treten zwei bzw. mehrere Kristalle der gleichen chemischen Zusammensetzung auf, die nach bestimmten Regeln untereinander verwachsen.

Parallel- und Zwillingsverwachsungen

Man unterscheidet *Parallelverwachsungen,* bei denen mehrere Einkristalle so verwachsen, daß ihre Kanten gleich verlaufen, und *Zwillingsverwachsungen,* bei denen die Kristalle jeweils unter einem bestimmten Winkel verwachsen. Nach der Anzahl der gesetzmäßig verwachsenden Kristalle spricht man dann von Zwillingen, Drillingen usw., entsprechend der Form einer Verwachsung von den eigentlichen *Zwillingen* im engeren Sinne des Wortes (Gips, Aragonit) und von den *Durchwachsungszwillingen* (Flußspat). Es gibt sehr viele gesetzmäßige Verwachsungen. Sehr viel seltener tritt die gesetzmäßige Verwachsung von zwei verschiedenen Mineralien auf, entweder mit der gleichen chemischen Zusammensetzung (Pyrit und Markasit) oder von Mineralien mit unterschiedlicher Zusammensetzung (Hämatit, Rutil).

Pseudomorphosen

Andere interessante Mineralienformen sind die *Pseudomorphosen,* die in der Natur verhältnismäßig häufig vorkommen. Man kann zum Beispiel manchmal einen Limonit in der vollkommen begrenzten Kristallform des Pyrits

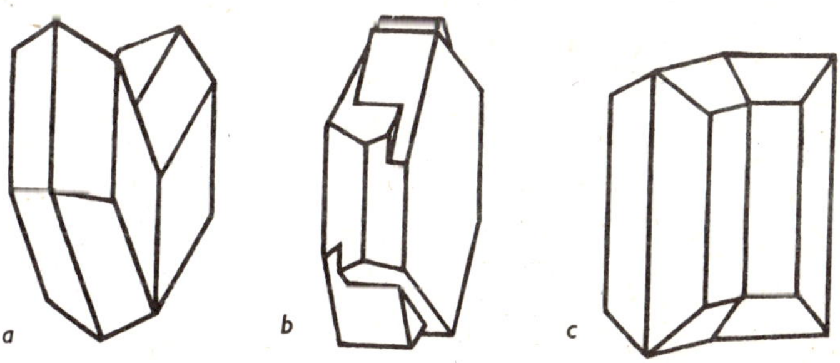

Abb. 5 Verschiedene Kristallzwillinge:
a) Gips *b)* Orthoklas (sogenannter Karlsbader Zwilling) *c)* Aragonit

finden. Der Pyritkristall wurde durch Oxydation und Wasseraufnahme in Limonit umgewandelt, wobei die ursprüngliche Kristallform erhalten blieb. In analoger Weise entsteht eine ganze Reihe von Pseudomorphosen, zum Beispiel die Pseudomorphosen des Malachits nach reinem Kupfer oder nach Azurit. Es kommen auch ähnliche Umwandlungen eines Minerals in ein anderes mit der gleichen chemischen Zusammensetzung vor. So wird zum Beispiel im Laufe der Zeit der Aragonit, das rhombisch kristallisierende Kalziumkarbonat $CaCO_3$, in rhomboedrischen Kalkspat umgewandelt, wobei die Kristallform erhalten bleibt. Die sogenannten *Perimorphosen* entstehen durch bloße Ablagerung der zusammenhängenden Kruste eines bestimmten Stoffes auf den Kristallflächen. Verläuft die Ablagerung gleichmäßig, paßt sich der neu entstehende Überzug der Kristallform an. Besteht die Oberflächenkruste aus einem schwerer löslichen Stoff als der Kristall, den sie umhüllt, dann bleibt sie anfangs ungestört und der ursprüngliche Kristall kann sich auflösen. Wenn der so entstandene Hohlraum ausgefüllt wird, entsteht die *Verdrängungs-Pseudomorphose (Pleromorphose);* sie fällt nach Auflösung der Oberflächenkruste auf. Auf diese Weise bildet sich zum Beispiel die Pseudomorphose des Quarzes nach Kalkspat und des Talks nach Quarz heraus.

Seltener als die kristallisierten Mineralien sind in der Natur Minerale, die nur in nichtkristallinem Zustand auftreten und die als *amorphe Mineralien* bezeichnet werden. Sie sind nicht beständig und wie jede amorphe Masse wandeln sie sich im Laufe der Zeit in eine kristallinische Masse um. Amorph sind zum Beispiel der Limonit und Opal, die durch Ablagerungen aus dem Wasser entstehen.

Wenn Wasser mit Eisen- oder Manganoxyden in die Klüfte der Gesteine eindringt, füllen sie diese mit schwarzen, strauchartigen Zeichnungen aus. Diese Zeichnungen werden *Dendriten* genannt und gehören ebenfalls zu den amorphen Mineralien.

Die regelmäßige Anordnung der Teilchen in der kristallisierten Masse bestimmt auch die meisten physikalischen Eigenschaften des Kristalls. Das geht vielleicht am besten aus dem Beispiel des Graphits und Diamanten hervor; beide setzen sich aus Kohlenstoffatomen zusammen, zeigen aber einen grundverschiedenen inneren Aufbau. Zwischen der Kristallform und den physikalischen Eigenschaften bestehen bestimmte gesetzmäßige Beziehungen.

Im folgenden werden die wichtigsten physikalischen Eigenschaften mit Ausnahme derjenigen angeführt, deren Bestimmung eine umfangreichere theoretische Vorbereitung oder Spezialgeräte erfordert. Hierher gehören zum Beispiel verschiedene optische Eigenschaften, die bei der genauen Bestimmung der Mineralien von großer Wichtigkeit sind. Es handelt sich um die sogenannte *Doppelbrechung,* die für zahlreiche kristallisierte Mineralien charakteristisch ist. Wird aus dem reinen Kristall des Kalkspats ein Spaltstück (Rhomboeder) herausgebrochen und auf ein beschriebenes Papier gelegt und gedreht, verdoppelt sich die Schrift stellenweise mehr, stellenweise weni-

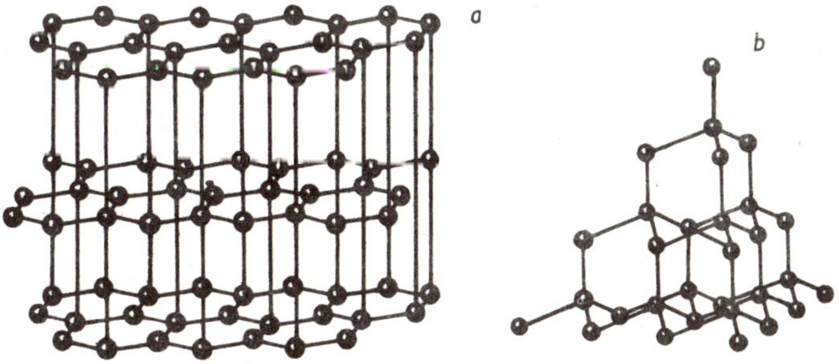

Abb. 6 Kristallstruktur des *a)* Graphits *b)* Diamanten

ger, wobei die Wiedergabe an einer Stelle stehen bleibt und die andere sich bewegt. Diese Erscheinung entsteht dadurch, daß im Kristall des Kalkspats der Lichtstrahl in zwei Komponenten gebrochen wird. Die Doppelbrechung ist mit Hilfe spezieller Mikroskope feststellbar und kann ein wichtiges Bestimmungsmerkmal auch für geringfügige Mineralkörner sein.

Es gibt aber mehrere, an jedem Mineral bereits auf den ersten Blick erkennbare Erscheinungen. Das sind zum Beispiel Durchsichtigkeit, Farbe und Glanz.

Durchsichtigkeit

Bei einfallendem Licht auf die Oberfläche eines Minerals geht ein Teil der Lichtstrahlen durch das Mineral hindurch, ein Teil wird reflektiert. Je mehr Lichtstrahlen durch das Mineral hindurchgehen, desto durchsichtiger ist es. Nach dem Durchsichtigkeitsgrad der Mineralien werden unterschieden:

1. *Durchsichtige Mineralien:* Bei ihnen kommt es zu keiner wesentlichen Absorbierung der Lichtstrahlen, auch nicht beim Durchgang des Lichtes durch eine dicke Schicht (Bergkristall, Topas). Wenn die durchsichtigen Mineralien gleichzeitig farblos sind, bezeichnet man sie als *lautere Mineralien.*
2. *Halbdurchsichtige Mineralien:* Bei ihnen ist in der Durchsicht ein unterlegtes Schriftzeichen nur undeutlich zu lesen.
3. *Durchscheinende Mineralien:* Sie lassen eine bestimmte Menge der Lichtstrahlen hindurch, mit deren Hilfe jedoch beim Durchblick nichts zu sehen ist (Chalzedon, Hornstein, Feuerstein).
4. *Undurchsichtige Mineralien:* Sie absorbieren in dickeren Schichten das Licht völlig; zu dünnen Plättchen ausgeschliffen (sogenannte Dünnschliffe), sind sie durchsichtig (Amphibol, Augit, schwarzer Turmalin).

5. *Opake Mineralien:* Sie absorbieren völlig alle Lichtstrahlen, so daß sie das Licht nicht einmal durch dünnste Schichten hindurchlassen (die meisten Sulfide, Magnetit).

Im großen und ganzen gilt die Regel, daß je größer die Dichte, desto geringer die Durchlässigkeit und umgekehrt.

Farbe

Einige Mineralien können in der Farbe verhältnismäßig beständig sein (Malachit, Azurit), die meisten Mineralien kommen jedoch in verschiedenen Farben vor.

Nach der Farbe unterscheidet man:

1. *Farbige Mineralien:* Sie haben immer eine gleiche, ganz bestimmte Farbe und unterscheiden sich höchstens durch verschiedene Farbabstufungen. Die Farbe ist bei ihnen eine beständige und spezifische Eigenschaft des Stoffes und ergibt sich aus der bestimmten chemischen Zusammensetzung und dem inneren Aufbau (Hämatit, Limonit, Magnetit, Chromit, Zinnober).
2. *Farblose Mineralien:* In ihren chemisch reinsten Abarten sind sie absolut farblos (Diamant, Steinsalz, Bergkristall, Topas).
3. *Verfärbte Mineralien:* Sie entstehen durch Verfärbung farbloser Mineralien durch verschiedene Beimengungen. Bei Mineralien mit einfacher chemischer Zusammensetzung, die mit einer bestimmten unveränderlichen Formel ausgedrückt werden kann, wird die Verfärbung durch mechanische Beimengung irgendeines Farbstoffes hervorgerufen. Die Verfärbung eines Minerals kann auch durch sehr kleine, fremde Mineralteilchen (Interpositionen), die nur mit Hilfe des Mikroskopes feststellbar sind, hervorgerufen werden (zum Beispiel einige Feldspäte).

Eine besondere Art der Verfärbung von Mineralien sind die sogenannten *metallischen Farben.* Sie entstehen bei undurchsichtigen Mineralien mit Metallglanz, zum Beispiel beim Pyrit, Galenit, Chalkopyrit. An den metallisch glänzenden Mineralien kann man noch die sogenannten *Anlauffarben* beobachten. Sie entstehen bei einfallendem Licht auf Dünnschichten, die sich an der Oberfläche eines Minerals durch chemische Umwandlungen herausbilden (Hämatit, Limonit).

Die Farbe der kristallisierten Mineralien ist von der Richtung im Kristall abhängig. Ein Stück des Minerals, genauer ausgedrückt ein bestimmter Kristall, kann also in verschiedenen Richtungen eine unterschiedliche Farbe aufweisen (Turmalin). Diese Eigenschaft bezeichnet man als *Pleochroismus*.

Die Farbe einiger undurchsichtiger oder durchscheinender Mineralien kann sich auch im durchtretenden und reflektierten Licht unterscheiden.

Bei der Bestimmung der Mineralien ist es wichtig, ein farbiges Mineral von einem verfärbten zuverlässig zu unterscheiden. Das geschieht mit Hilfe eines relativ einfach zu bestimmenden Merkmals, der sogenannten *Strichfarbe*. Als Strich bezeichnet man im wesentlichen die Farbe des feinen Mineralpulvers. Es wird durch Reiben des Minerals auf der sogenannten Strichtafel gewonnen; das ist eine rauhe, unglasierte Porzellanplatte. Die Strichfarbe ist im Unterschied zu der Mineralfarbe absolut beständig und für ein bestimmtes Mineral charakteristisch.

Glanz

Mit der Farbe eines Minerals hängt sein Glanz eng zusammen, der durch Reflexion eines Teils der Lichtstrahlen von der Oberfläche des Minerals entsteht. Der Glanz hängt von verschiedenen Faktoren ab, vor allem von dem Verhältnis der durch das Mineral absorbierten und reflektierten Lichtstrahlen.

Man unterscheidet nach der Intensität des Glanzes: Mineralien mit *starkem Glanz*, der vor allem für die Spaltflächen charakteristisch ist (Galenit, Glimmer), mit *schwachem Glanz,* charakteristisch für einige Mineralien mit Muschelbruch (Quarz), mit *Mattglanz* (Limonit) und völlig *glanzlose Mineralien* (die meisten erdigen Mineralien).

Bei der Beurteilung des Glanzes der Mineralien differenziert man in folgende Arten:

1. *Metallglanz:* Er ist für die meisten opaken Mineralien, vor allem für die reinen Metalle und deren schwefelhaltige Erze, charakteristisch. Der Metallglanz ist am vollkommensten an frischen Spaltflächen und Kristallflächen zu beobachten (Silber, Galenit, Pyrit, Hämatit).
2. *Halbmetallglanz:* Er entsteht bei einwandfrei kristallisierten, dunklen und fast undurchsichtigen Mineralien (Wolframit, Hämatit).
3. *Diamantglanz:* Tritt nur bei durchsichtigen Mineralien mit starkem Brechungsvermögen für Licht auf (Diamant, Schwefel).
4. *Glasiger Glanz:* Ist für durchsichtige und halbdurchsichtige Mineralien charakteristisch. Er tritt bei kristallisierten Abarten des Quarzes, beim Kalkspat und bei den meisten Silikaten auf.
5. *Perlmutterglanz:* Findet man bei durchsichtigen bis halbdurchsichtigen Mineralien, wenn sie vollkommen spaltbar sind, zum Beispiel bei einigen Glimmerarten.
6. *Pechglanz:* Hauptsächlich bei den Opalen anzutreffen.
7. *Fettglanz:* Mineralien mit zahlreichen mikroskopischen Einschlüssen zeigen Fettglanz. Hierher gehören zum Beispiel der Quarz, der Apatit und das Uranpecherz.
8. *Seidenglanz:* Verläuft eigentlich parallel mit den feinfaserigen Mineralien, zum Beispiel mit den Abarten des Gipses (dem sogenannten Selenit und Alabaster), den feinen Asbesten, hauptsächlich den Serpentinasbesten (Chrysotil) und den faserigen Kalkspäten. Der Seidenglanz ist meistens gegenüber den anderen Glanzarten weniger intensiv.

Die erwähnten optischen Eigenarten, besonders Farbe und Glanz, werden manchmal zusammenfassend als *mine-*

ralischer Anblick bezeichnet. Danach unterteilt man die Mineralien in solche mit *Metallanblick* und mit *nichtmetallischem Anblick.*

Dichte

Eine weitere physikalische Eigenschaft der Mineralien, die zu ihrer Bestimmung herangezogen wird, ist ihre *Dichte.* Im Unterschied zu den optischen Eigenschaften hängt sie nicht von der Kristallrichtung ab. Die Dichte ist eine Verhältniszahl, die angibt, wievielmal der Stoff schwerer ist als das gleiche Volumen destilliertes Wasser.

Die Bestimmung der Dichte erfolgt mit Hilfe verschiedener Verfahren und ist ein zuverlässiges Bestimmungsmerkmal.

Zur genauen Bestimmung sind relativ kostspielige Geräte, zum Beispiel Präzisionswaagen, erforderlich. Der Sammler kann jedoch Annäherungswerte mit Hilfe verschiedener Schwerflüssigkeiten ermitteln. Dabei kann allerdings nur festgestellt werden, ob ein Bruchstück eines Minerals auf der Flüssigkeitsoberfläche schwimmt oder untergeht. Die wichtigsten Schwerflüssigkeiten sind: Bromoform (2,88), Tetrabromkohlenstoff (2,95), Thouletsche Lösung (3,19), Methylenjodid (3,3), Rohrbachsche Lösung (3,58) und die Clericische Lösung (4,2).

Während die Dichte nicht von der Richtung abhängt, sind bei allen kristallisierten Stoffen die sogenannten *Kohäsionserscheinungen,* vor allem die Spaltbarkeit und die Härte, von der Richtung abhängig.

Spaltbarkeit und Bruch

Die Spaltbarkeit ist eine charakteristische Eigenschaft der Kristalle. Man kann sie sich am Glimmer, der sich leicht mit einem Messer oder dem Fingernagel in einzelne Glimmerblättchen teilen läßt, vor Augen führen. In vertikaler Richtung sind die Glimmerblättchen jedoch nur sehr

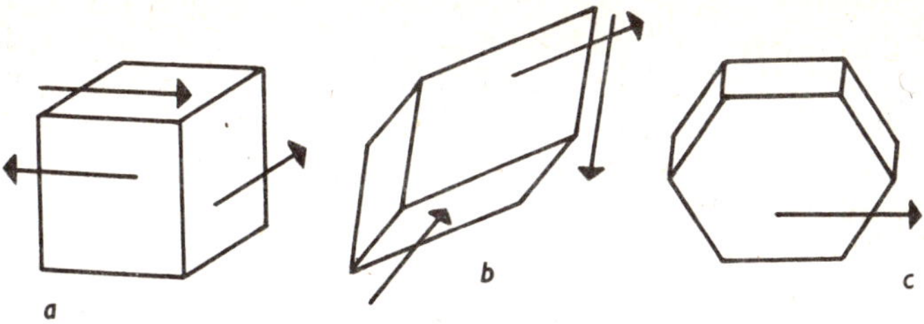

Abb. 7 Beispiele der unterschiedlichen Spaltbarkeit der Mineralien:
a) kubische Spaltbarkeit des Galenits
b) rhomboedrische Spaltbarkeit des Kalkspats
c) Spaltbarkeit der Glimmer in einer Richtung

schwer zu zerbrechen. Der Glimmer ist nämlich nur entlang einer Fläche spaltbar, in Querrichtung ist er weitaus fester. Der Kristall des Steinsalzes oder Galenits behält, wenn er in beliebige kleine Stücke zerschlagen wird, jeweils die Flächen des Würfels bei. Das bedeutet, daß stets nur in Richtung der untereinander senkrechten, völlig ebenen Flächen gespalten wird. Dagegen ist bekannt, daß zum Beispiel Glas, ebenso wie andere amorphe Stoffe, in allen Richtungen gleichmäßig leicht in unregelmäßige Scherben zerschlagen werden kann.

Die Spaltbarkeit hängt eng mit der *Härte* zusammen. Sie ist Ausdruck der Trennbarkeit, die es ermöglicht, einen Teil des Kristalls in einer bestimmten gesetzmäßigen Richtung mehr oder weniger leicht durch einen mechanischen Eingriff abzuspalten.

Der Kristall spaltet sich also in Richtungen, in denen die geringste Kohäsion wirksam ist. Die Vollkommenheit der Spaltbarkeit ist bei den verschiedenen Mineralien unterschiedlich. Bei einigen Mineralien ist nicht nur die Vollkommenheit der Spaltbarkeit, sondern auch der Winkel der einzelnen Spaltflächen charakteristisch und erleichtert die Bestimmung (zum Beispiel Augit und Amphibol).

Durch die Spaltung entsteht ein Körper, der an allen Seiten durch die Spaltflächen begrenzt ist und als *Spaltkörper* bezeichnet wird.

An den nicht spaltbaren Mineralien entstehen bei ähnlichen mechanischen Eingriffen unebene Bruchflächen, die man als *Bruch* bezeichnet.

Nach Aussehen und Oberfläche unterscheidet man folgende Arten des Bruches:

1. *Muschelbruch:* Tritt am häufigsten auf und hat die Form gekrümmter Vertiefungen, die an eine Muschel erinnern (Quarz, Opal, die meisten Silikate).
2. *Unebener Bruch:* Weist völlig unregelmäßige Überhöhungen und Vertiefungen auf (Pyrit).
3. *Ebener Bruch:* Ist fast ohne Oberflächenunebenheiten (Jaspis).
4. *Erdiger Bruch:* Ist meistens Anzeichen für Verwitterung und für weiche und lockere Mineralien (Kaolin) charakteristisch.

Härte

Die Härte eines Minerals hängt mit seiner Spaltbarkeit eng zusammen. Man versteht darunter im allgemeinen den Widerstand, den ein Körper einem eindringenden Fremdkörper entgegensetzt. Für die einzelnen Mineralien ist die Härte genau bestimmt.

Für die Bestimmung der Mineralienhärte wendet man die Härteskala an, die der deutsche Mineraloge Friedrich Mohs (1773—1839) aus zehn Mineralien mit charakteristischer Härte aufstellte. Die Werte der Mohsschen Härteskala, entsprechend einem ansteigenden Härtegrad, sind: Talk, Steinsalz oder Gips, Kalkspat, Flußspat, Apatit, Feldspat, Quarz, Topas, Korund und Diamant. Die Härteskala von 1—10 gibt nur vergleichende Werte an, so daß die Zahlen nicht ausdrücken, um wie vieles ein bestimmtes Mineral der Mohsschen Härteskala härter ist als ein anderes.

Wenn diese Härteskala zur Verfügung steht, ritzt man mit dem Mineral, das man bestimmen will, in die einzelnen Probestücke der Härteskala.

Die Härte kann auch, ohne daß man die Härteskala benutzt, wie folgt annähernd bestimmt werden·

Die Mineralien des 1. Härtegrades werden an den *Fingern abgerieben* (Graphit), des 2. Härtegrades mit dem *Fingernagel geritzt* (Antimonglanz), des 3. Härtegrades mit einer *Kupferspitze geritzt* (Muskovit), des 4.—5. Härtegrades mit einem *Messer geritzt* (Dolomit), wobei der 5. Härtegrad der Glashärte entspricht (Opal), des 6.—7. Härtegrades werden mit einer *Stahlfeile geritzt* (Chalzedon). Von dem 6. Härtegrad an ritzen die Mineralien Glas, mit dem 7. Härtegrad tritt die Funkenbildung beim Feuerschlagen mit Stahl ein. Mineralien mit höheren Härtegraden (8.—10.) kommen verhältnismäßig selten vor.

Für eine genaue Bestimmung der Mineralienhärte benötigt man Prüfgeräte, die sogenannten *Sklerometer.* Sie sind mit einer Diamant- oder Stahlspitze versehen, die in das Mineral eingeritzt wird. Die Härte wird mit Hilfe eines Gewichtes bestimmt, mit dem die Spitze des Gerätes belastet wird.

Eine genaue Bestimmung der Härte ist bei erdigen, faserigen oder blättrigen Aggregaten nicht möglich, weil die Zwischenräume der einzelnen Mineralkörner, Fasern oder Blättchen die Härte verringern.

Weitere physikalische Eigenschaften

Die Elastizität, bzw. die Biegsamkeit, ist für Mineralien, die in dünnen Blättchen auftreten, ein wichtiges Bestimmungsmerkmal. Als biegsam (flexibel) werden Mineralien bezeichnet, deren Blättchen nach dem Umbiegen nicht wieder in ihre Ausgangsstellung zurückkehren (Chlorite), im Unterschied zu den elastischen Mineralien (Glimmer), die sonst den Chloriten zum Verwechseln ähnlich sind.

Ein weiteres Erkennungsmerkmal ist die *Löslichkeit.* Wenn sich ein Kristall unvollkommen auflöst, entstehen an seinen Flächen unregelmäßige „Figuren", die sogenannten Ätzfiguren.

Eine sehr interessante Erscheinung bei manchen Mineralien ist die *Radioaktivität*, eine unsichtbare Strahlung, die durch den spontanen Zerfall der Atome einiger Elemente hervorgerufen wird. Erstmals stellte sie 1896 der französische Physiker H. Becquerel im Uranpecherz von Jáchymov fest. Die Radioaktivität wird mit einem Spezialgerät, dem sogenannten Geiger-Müller-Zählrohr, ermittelt und gleichzeitig ihre Intensität gemessen. Radioaktiv sind Mineralien, die radioaktive Elemente enthalten, hauptsächlich Uran und Thorium (Uranpecherz), aber auch Mineralien, die diese Elemente nur in Spuren enthalten (zum Beispiel manche Zirkone).

Manche Mineralien haben die Eigenschaft des *Magnetismus*. Es gibt nur wenige aktiv magnetische Mineralien, d.h. solche, die Metallgegenstände selbst anziehen können (Magneteisenstein). Dagegen gibt es zahlreiche Mineralien (die viel Eisen enthalten, zum Beispiel der Hämatit), die von einem Magneten angezogen werden.

Zum Abschluß dieses Kapitels wäre noch die *Lumineszenz* zu erwähnen. Sie beruht darauf, daß ein den Strahlen einer bestimmten Wellenlänge, zum Beispiel den Ultraviolett- oder Röntgenstrahlen, ausgesetztes Mineral mit auffallender Farbe leuchtet. Intensive *Lumineszenz* zeigen der Kalkspat, einige Arten des Korunds, der Orthoklas, Turmalin, Apatit, Flußspat, Scheelit. Die Farbe dieser Strahlung eines bestimmten Minerals ist nicht immer die gleiche. Sie hängt von den Beimengungen ab, die ein Mineral enthält. Verschieden strahlen zum Beispiel der blaue Korund (Saphir) und der rote Korund (Rubin). Oft strahlen auch die Saphire und Rubine aus verschiedenen Fundstätten unterschiedlich. Diese Tatsache kann besonders beim Studium der geschliffenen Edelsteine, bei der Bestimmung ihrer Herkunft oder bei der Unterscheidung von echten und synthetischen Steinen mit großem Erfolg angewendet werden.

ENTSTEHUNG UND VORKOMMEN DER MINERALIEN

So wie sich alles Lebendige verändert und entwickelt, entstehen, verändern sich und verschwinden auch die Mineralien. Wenn man die Gesetzmäßigkeiten richtig verstehen will, nach denen die Umwandlungen der Mineralien in der Natur verlaufen, darf man diese Vorgänge nicht getrennt beurteilen und verfolgen. Man muß die gesamte Vergesellschaftung der Mineralien *(Paragenese)* betrachten.

Ebenso wie verschiedene chemische Elemente, sind auch die Mineralien in der Erdkruste sehr unterschiedlich vertreten. Manche Mineralien kommen fast überall vor, manche findet man nur an wenigen Fundstätten. Einige Mineralien kommen nur in bestimmten Paragenesen vor.

Das Vorkommen der Mineralien in der Natur wird vor allem durch die geologischen Bedingungen bestimmt. Zahlreiche Fundstätten sind unmittelbar vom Gesteinstyp abhängig. In Eruptivgesteinen, entstanden aus dem Magma, trifft man andere Mineralien an als in den Sediment- oder metamorphen Gesteinen. Die sich durch die Art der Entstehung oder das Alter voneinander unterscheidenden Gesteine können deshalb verschiedene Mineralien enthalten.

Man unterscheidet nach den Haupttypen der Gesteine: Fundstätten der Mineralien in *Eruptivgesteinen,* die durch Erstarrung aus dem Magma entstanden sind, in *Sedimentgesteinen,* entstanden durch die Einwirkung des Wassers, Windes, der Gletscher oder der Schwerkraft der Erde, und Fundstätten in *metamorphen Gesteinen,* die ursprünglich Eruptiv- oder Sedimentgesteine waren.

Eruptivgesteine

Im Erdinnern befindet sich eine komplizierte, glühende Schmelze verschiedenartiger Stoffe, das sogenannte *Mag-*

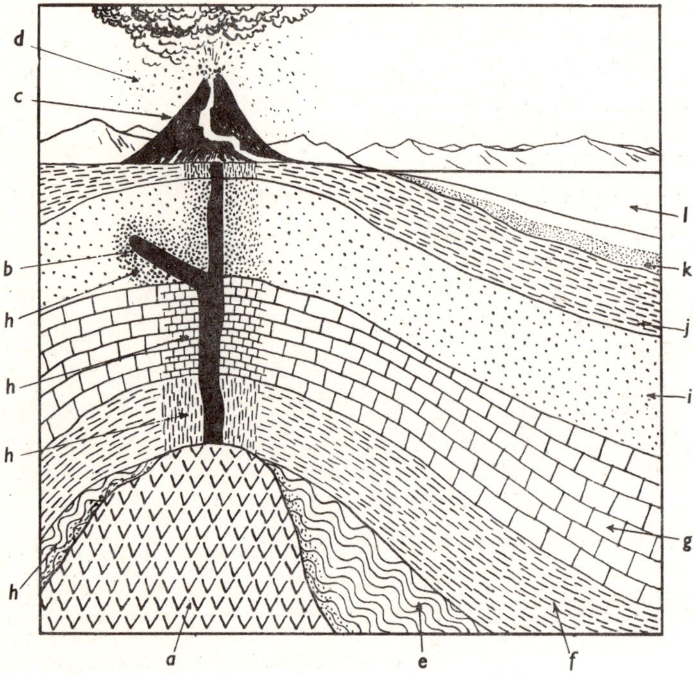

Abb. 8 Entstehung der verschiedenen Gesteinstypen:
Eruptivgesteine:
a) in großen Tiefen erstarrte Tiefengesteine
b) Ganggesteine
c) Ergußgesteine
d) pyroklastisches, vulkanisches Material, ausgeworfen aus dem Krater
Metamorphe Gesteine: *e) f) g)* metamorphe Gesteine, entstanden durch hohen Druck und Temperaturen in verschiedenen Tiefen der Erdrinde
h) kontaktmetamorphe Gesteine an der Berührungsstelle mit den glühend heißen Eruptionsmassen
Sedimentgesteine: *i) j) k) l)* Ablagerungen verschiedenen geologischen Alters

ma, das nach dem Erstarren die aus verschiedenen Mineralien bestehenden Eruptivgesteine herausbildet. Wie entstehen die Mineralien aus dem mehr oder weniger homogenen Magma durch Erstarrung?

Jeder chemische Stoff erstarrt oder schmilzt bei einer bestimmten Temperatur.

In ähnlicher Weise erstarrt und kristallisiert auch jedes Mineral aus dem Magma bei einer bestimmten Temperatur, für den Quarz ist es zum Beispiel eine Temperatur von 1713 °C, für den Schwefel von 115 °C und für den Orthoklas von 1300 bis 1350 °C. Wenn sich das Magma im Erdinnern oder an der Erdoberfläche allmählich abkühlt, erstarren die das Magma bildenden chemischen Stoffe nicht alle gleichzeitig, sondern fortlaufend, entsprechend der Temperatur, bei der es zu ihrer Kristallisation kommt. Die Entstehung verschiedener Mineralien ist also durch exakte physikalisch-chemische Gesetzmäßigkeiten bedingt.

In den Eruptivgesteinen findet man hauptsächlich unter hohen Temperaturen entstandene Mineralien.

Tiefengesteine

Die häufigsten Tiefengesteine, d.h. die tief unter der Erdoberfläche erstarrten Gesteine, sind die Granite. Ihre wichtigsten mineralischen Hauptbestandteile (Feldspat, Quarz und Glimmer) bildeten sich darin vor allem in kleinen Gesteinskörnern und Blättchen heraus. Nur selten findet man auch größere Kristalle, die in der feinkörnigen Grundmasse eingebettet sind, sie entstanden bei der Erstarrung des Magmas noch vor der Grundmasse und werden als *porphyrische Einsprenglinge* bezeichnet. Die Tiefengesteine mit dieser Struktur nennt man *Porphyre.*

Der häufigste Glimmer in den Tiefengesteinen ist der helle Glimmer (Muskovit), weniger häufig tritt der dunkle Biotit auf, der häufiger in den sogenannten basischen Tiefengesteinen vorkommt (als basisch werden die an Siliziumdioxyd armen Gesteine bezeichnet, die entweder in

Gestalt des Quarzes oder als Gefügebestandteil der Silikate in Erscheinung treten können).

Die Granite und artverwandten Gesteine treten überall in großer Menge auf. Das größte Granitmassiv liegt in Finnland, es hat eine Ausdehnung von 23 000 km^2.

Weitere im Erdinneren erstarrte und ebenfalls durch den Feldspat, Quarz und hellen Glimmer gebildete Gesteine sind die *Pegmatite,* im wesentlichen grobkörnige Granit-Ganggesteine. In manchen Pegmatiten kann der Glimmer fehlen, oder sie enthalten anstelle des hellen Glimmers den dunklen Glimmer, bzw. sie bestehen aus beiden Glimmern (sowohl dem dunklen als auch hellen). Außer diesen Hauptbestandteilen können die Pegmatite noch sekundäre Mineralbestandteile, gebildet aus den Dämpfen, die nach der Eruption des Magmas entwichen sind, enthalten. In diesen Dämpfen konzentrierten sich relativ seltene Elemente, wie das Bor, Fluor, Lithium, Beryllium, oder auch Elemente aus der Gruppe der sogenannten seltenen Erden (Cerium, Lanthan, Yttrium usw.). Deshalb findet man in den Pegmatiten auch seltenere Mineralien, manchmal zum Beispiel in abbauwürdiger Menge Edelsteine (Beryll, Topas, farbige Turmaline, einige Granate), oder Mineralien mit seltenen Metallen, zum Beispiel Wolfram-, Molybdän- und Uranerze, oder Lithionglimmer (Lepidolith, Zinnwaldit).

Eine besondere Art des Pegmatits ist der sogenannte *Schriftgranit.* In ihm verwachsen die beiden Hauptbestandteile des Pegmatits, Feldspat und Quarz, so miteinander, daß auf den ebenen Flächen eine Struktur entsteht, die an die Keilschrift oder an hebräische Schriftzeichen erinnert.

Die wichtigsten Vorkommen der Pegmatite liegen in Brasilien, in den USA (Nordkarolina und Maine), in Indien, auf Madagaskar und im Ural. Die bedeutendsten nutzbaren Mineralien der Pegmatite sind Feldspat, Quarz und Glimmer.

Ergußgesteine

Neben den bereits genannten Tiefengesteinen, die ausschließlich von kristallinen Mineralien gebildet werden, gibt es auch Magmagesteine, die von der erstarrten, nichtkristallinen Masse, dem sogenannten *Gesteinsglas*, gebildet werden. Das sind *effusive Schmelzen* oder *Ergußgesteine*, die sich von den Tiefengesteinen durch ihre Struktur und durch ihr Aussehen unterscheiden. Sie kommen meistens in Vulkangebieten vor und erstarrten an der Oberfläche.

Von den verschiedenen Arten der Ergußgesteine sind solche bekannt, bei denen als ihr Bestandteil oft das Gesteins-(vulkanische) Glas hervortritt. Es gibt aber auch Ergußgesteine, wenn auch weniger häufig, die ausschließlich durch dieses Glas gebildet werden und in ihrem Aussehen dem künstlich hergestellten dunklen Glas sehr ähnlich sind. Meistens werden sie als *Obsidiane* bezeichnet. Sie weisen einen Muschelbruch auf und sind an der Oberfläche schwarz oder schwarzbraun. Oft bilden sie eine mit Felsbrocken durchsetzte Lava. Sie treten vor allem in den Gebieten mit lebhafter Vulkantätigkeit (zum Beispiel in Italien, Island, Mexiko, Indonesien) auf.

Die Ergußgesteine können auch außerhalb dieser Zonen auftreten und in anderen geologischen Zeitabschnitten als im Tertiär entstanden sein. Die ältesten sind die grünen *Spilite* und *Diabase*, die sich durch ihre chemische und petrographische Zusammensetzung voneinander fast nicht unterscheiden. Die Spilite sind in mineralogischer Hinsicht sehr arm an mineralischen Bestandteilen. Sie sind meistens präkambrischen (algonkischen), die Diabase paläozoischen Alters. Reichhaltiger sind die Diabase, an deren Klüften und in den sogenannten Mandelsteinhohlräumen man einige sekundäre Mineralien findet; an den Klüften vor allem den Kalkspat, an einigen Fundstätten auch Eisenerzlagerstätten (Hämatit und Magneteisenstein). In den jüngeren Urgebirgen (perm-karbonischen Formationen) bis zum Mesozoikum kam es zu Eruptionen der *Mela-*

phyre, das sind körnige, dunkle Gesteine mit graugrüner, schwarzgrauer und rotbrauner Farbe, die zum Beispiel in Brasilien, in der BRD (Idar) und in Böhmen (im Riesengebirgsvorland) vorkommen. Große Mengen aus dem Magma entweichender Gase bildeten in diesen meistens rotbraunen Gesteinen ziemlich große Hohlräume, die sich später sekundär mit verschiedenen mineralischen Stoffen ausfüllten, besonders mit verschiedenen Abarten des Quarzes und des Chalzedons.

Von den Ergußgesteinen sind in mineralogischer Hinsicht vor allem die grauen *Phonolithen* (Klingsteine) und die dunklen, fast schwarzen *Basalte* am reichhaltigsten vertreten. Diese Gesteine entstanden meistens im Tertiär. Als ursprünglicher Bestandteil treten darin besonders schwarze Kristalle des Augits und Amphibols, ferner der Biotit und Olivin und einige weitere Mineralien auf. Durch Verkittung der unzusammenhängenden Bruchstücke der Basaltausbrüche entstehen Gesteine, die als *Basalttuffe* bezeichnet werden. Durch Verwitterung lösen sich oft aus ihnen Kristalle einiger Mineralien, die dann an zahlreichen Fundorten und in der Ackererde, zum Beispiel im Kaiserstuhl und an mehreren Stellen im Böhmischen Mittelgebirge, gefunden werden können (Fundstätten der Augite und Amphibole).

Hydrothermale Erzgänge und Lagerstätten

Mit dem Abklingen der Vulkantätigkeit kam es an zahlreichen Stellen zur Entstehung von Erzgängen*) und -lagerstätten. Noch vor dieser Zeit verwandelten sich die ursprünglichen Gesteine durch heiße (hydrothermale) Lösungen und Dämpfe, die aus dem Erdinnern aufstiegen. Dieser Vorgang wird als *Propylitisation* bezeichnet.

*) Als mineralische Rohstoffe werden mineralische Stoffe bezeichnet, die für technische Zwecke genutzt werden können; mit der Bezeichnung Erz mineralische Rohstoffe, die Metall in so großen Mengen enthalten, daß sich ihr Abbau zur metallurgischen Verarbeitung lohnt.

Zahlreiche wichtige Erzvorkommen sind deshalb an die im Tertiär entstandenen Ergußgesteine gebunden, im Gegensatz zu der anderen großen Gruppe der Erzlagerstätten, die an die Tiefengesteine gebunden sind. Die Erze treten am häufigsten in der Gestalt von Erzgängen auf, seltener sind die Vorkommen in Form von Linsen und unregelmäßigen Körpern. An zahlreichen Erzlagerstätten spielte auch die *Metasomatose* eine bedeutende Rolle. Als Metasomatose bezeichnet man das Ersetzen des ursprünglichen Mineralgehaltes durch andere Stoffe.

Die Erzgänge sind auf der Erde die häufigste Form des Erzvorkommens überhaupt und haben große praktische Bedeutung. Sie entstanden an den Gesteinsklüften durch Ablagerung mineralischer Stoffe aus den heißen Lösungen. Die Erzgänge werden nach ihrer Mineralzusammensetzung in vier Haupttypen unterteilt: Zinnsteingänge, Goldadern, sulfidische Erzgänge, gebildet vorwiegend durch die Sulfide, und Eisen- sowie Manganerzgänge.

Die *Zinnsteingänge* sind durch ihre Entstehung sehr eng an die Granite gebunden, deshalb unterscheiden sich ihre Mineralien kaum von den Mineralien der Granite oder Pegmatite. Die Zinnsteingänge enthalten hauptsächlich Zinnstein, Flußspat, einige Glimmerarten und Uranglimmer. Sulfide enthalten sie seltener, zum Beispiel Molybdänglanz, Sphalerit, Chalkopyrit und Arsenopyrit. Die bei allen sonstigen Typen der Erzgänge sehr verbreiteten Karbonate treten hier fast nicht auf.

Die *Goldadern* sind mineralogisch ärmer als die vorhergegangenen Erzgänge. Die Erzgänge werden meistens nur durch Quarz und Pyrit ausgefüllt, seltener durch Antimonit oder auch durch Arsenopyrit. Diese Mineralien enthalten Gold meistens nur fein verteilt. Seine Gewinnung lohnt sich noch bei einem Gehalt von 1 bis 10 g Gold in einer Tonne, je nach Größe der Lagerstätte. Goldadern kommen zum Beispiel in den USA (Mother Lode in Kalifornien), in Australien (Mount Morgan), in der UdSSR und in Frankreich vor.

Die *sulfidischen* Erzgänge, d.h. Gänge, die überwiegend

Sulfide enthalten, sind der am stärksten verbreitete Typ der Erzgänge überhaupt. Nach den in ihnen vorherrschenden Metallen werden sie zusätzlich in Kupfererzgänge und -lagerstätten, Silbererzgänge, Blei- und Zinkerzgänge, Antimonit- und Quecksilbererzgänge unterteilt. Mit den Silber-, Blei- und Zinkerzgängen stehen durch ihre Entstehung die hydrothermalen Vorkommen der Uranerze in engem Zusammenhang.

Die *Kupfererze* treten einerseits in Erzgängen, andererseits in Lagerstätten von Schichtungs- oder Linsenform auf. Das wichtigste Mineral ist der Chalkopyrit, der gewöhnlich vom Pyrit und Arsenopyrit begleitet wird. An den Fundorten treten auch einige seltenere Mineralien und sekundär durch deren Zersetzung entstandene Mineralien auf. Das sind vor allem die Karbonate (Malachit und Azurit). Reines Kupfer kommt im Tagebau der Lagerstätten beider Typen nur selten vor. Vorkommen an Kupfererzgängen gibt es zum Beispiel in Butte in Montana (USA), am Oberen See in Michigan und in Jugoslawien, Schichtungslagerstätten im Kongo und in der UdSSR. Die bekannteste Fundstätte der Kupfererze ist Tsumeb in Südwestafrika (Namibien).

Die *Silber- Blei- und Zinkerze* treten am häufigsten gemeinsam an den gleichen Fundstätten auf und werden deshalb *Komplexerze* genannt.

Kongsberg in Norwegen ist durch ausgedehnte Feinsilbererzgänge bekannt, ähnlich wie Freiberg, das Zentrum des Erzgebietes der sächsischen Seite des Osterzgebirges. Die bedeutendsten Mineralien sind dort Argentit, Arsenopyrit, Markasit und Flußspat, dazu kommt noch eine Reihe seltener Silbererze. Schneeberg ist durch das Vorkommen von Argentit und Nickelin bekannt. Auf der böhmischen Seite des Erzgebirges liegt die bekannte Fundstätte Jáchymov, wo zu den üblichen Komplexerzen seltener noch die Nickel-, Kobalt-, Wismut-, Arsen- und Uranerze hinzukommen. Die Erzgänge bei Příbram in Böhmen unterscheiden sich von denen in Jáchymov durch eine größere Menge Antimon und seiner Verbindungen und durch einen wesentlich geringeren Anteil an Arsen-, Uran- und Kobalt-Nickelerzen. Eine bekannte Fundstätte dieses Gebietes ist auch Kutná Hora und das Gebiet des Riesengebirges mit Arsenopyritvorkommen.

An die tertiären Eruptivgesteine gebundene Erzgänge findet man in Europa zum Beispiel in den Karpaten, im Norden Rumäniens und in Siebenbürgen. Sie gehören ebenfalls zu den bekanntesten Fundstätten der Komplexerze, besonders der Bleierze. Metasomatischen Ursprungs sind die Lagerstätten im Siegerland und im Slowakischen Erzgebirge.

Hochinteressant sind die hydrothermalen Lagerstätten, von denen das wichtigste Erzmineral das *Uranin* ist und die meistens auch zu den Komplexerzlagerstätten gerechnet werden können. Sie liegen vor allem in Kanada, im Kongo-Zaire (Katanga), in Portugal, England und bei Ťuja-Mujun, in Fergana in der UdSSR. In Schinkolobwe (Kasolo) in Katanga, einer typischen Fundstätte der Uranerze, wird das Uranin von Kobalt-, Nickel- und Silbererzen, ähnlich wie in Jáchymov, begleitet. Darüber hinaus kommen dort auch Gold und andere seltene Mineralien, zum Beispiel Selenverbindungen, vor. Weltbekannt sind die hier durch Verwitterung des Uranins sekundär entstandenen Mineralien, die sich durch bunte Farben auszeichnen, vor allem die Uranglimmer und Uranocker (wasserhaltige Arsenate, Phosphate und Sulfate des Urans).

Die Vorkommen der *Antimonerze* enthalten außer dem Antimonit nur wenig andere Mineralien. Die Antimonlagerstätten sind meistens Ganglagerstätten, nur selten metasomatische Lagerstätten. Manchmal enthält der Antimonit auch eine beträchtliche Beimengung von Gold. Seltener sind im Fördererz die Begleitmetalle Blei, Zink, Kupfer und Arsen enthalten. Ausgedehnte Fundstätten der Antimonerze gibt es in Bolivien bei Chayanta, Palca und Tipica; in Mexiko in den Provinzen San Louis Potosi, Sonora und Oaxaca und in China in der Provinz Chu-nan und Jün-nan. Die chinesischen Lagerstätten sind die größten auf der Welt und stellen vier Fünftel der

Weltproduktion dar. Die größten europäischen Lagerstätten der Antimonerze sind die italienischen auf Sardinien und in der Toskana sowie die jugoslawischen in der Umgebung von Fojnica, Krupanja und Kostajnik.

Quecksilbererze enthalten vorwiegend Zinnober, in der Regel in Begleitung von Quarz, Karbonaten, Pyrit, Markasit und Antimonit. Die bedeutendsten europäischen Vorkommen der Quecksilbererze liegen in Spanien bei Almaden. Dort wurde Zinnober bereits im 7. Jahrhundert v. Chr. gefördert, außerdem in Italien bei Monte Amiata und in Jugoslawien in den Lagerstätten Idria in Slowenien und Avala bei Belgrad.

Die Gangvorkommen der *Eisen- und Manganerze* werden vorwiegend durch den faserigen Hämatit (Glaskopf) und ein Gemisch der Manganerze, das Braunmanganerz, den Pyrolusit und Psilomelan, gebildet. Aus dem rheinischen Siegerland sind Lagerstätten der Gangsiderite, durchsetzt mit jüngeren Kupfer-, Kobalt-, Wismut-, Nikkel- und Bleierzgängen, bekannt. Ähnliche Lagerstätten gibt es auch im Slowakischen Erzgebirge bei Spiš und Gemer sowie im steirischen Erzberg. Hämatiterzgänge liegen ferner in England (Egremont) und in der Umgebung von Horní Blatná bei Jáchymov in Böhmen.

Sedimentgesteine

Zahlreiche Mineralien entstehen durch *Sedimentation.* Die Wasserläufe tragen viel Feinschlamm, Sand oder auch größere Teilchen mit sich fort. Je schneller der Fluß strömt, desto mehr Teilchen kolkt er aus und trägt sie fort. Die Teilchen lagern sich entsprechend der Strömungsgeschwindigkeit ab. In analoger Weise kommt es zu einer Ablagerung der Teilchen am Meeresgrund, durch die Tätigkeit der Gletscher, des Windes und unter Beihilfe der Organismen. Auf diese Weise entstehen die *Absetz-* oder *Sedimentgesteine.*

Das häufigste Sedimentgestein ist der *Kalkspat.* Die

Kalksteine entstanden in den verschiedenen geologischen Zeitaltern und sind in der Erdkruste überall sehr verbreitet, vor allem als Meeresablagerungen. Oft setzen sie sich aus Bruchstücken und ganzen Gruppierungen verschiedener Organismen, wie Weichtiere, Seeigel, Korallen zusammen, die in den Kalksteinen mit dem bloßen Auge deutlich zu unterscheiden sind. Der Kalkspat ist also ein typisches organogenes Sedimentgestein, d.h. ein durch die Tätigkeit der Organismen oder deren Ablagerung entstandenes Gestein. Die Kalksteine lagern in der Regel mächtige Schichten ab und bilden auch lange Gebirgszüge. Sie werden mit verschiedenen Namen bezeichnet: lockere Kalksteine, vermengt mit tonigen oder sandigen Teilchen, sind die *Mergel;* als kompakt bezeichnet man die *Tonschiefer* und *Schiefertone.* Die *Kreide* ist ein weißer bis hellgrauer Kalkstein, abgelagert in den jüngeren sekundären Formationen (die sogenannten Kreideformationen). Die *Travertine* oder *Kalktuffe* sind quartäre, poröse Kalksteine, abgelagert im Süßwasser unter Einwirkung von Wasserpflanzen, besonders der Algen, deren Überreste sie oft enthalten. Die Travertine werden als Baustoff und Dekorationsgestein, vor allem beim Innenausbau, verwendet.

An den Klüften der Kalksteinschichten findet man oft den kristallisierten und den Tropfsteinkalzit, manchmal auch andere Mineralien. Ziemlich häufig treten in ihnen durch Hornstein, Feuerstein, Chalzedon oder Opal — Kascholong — gebildete kieselige Knollen auf, die aus den harten Körperteilen der vor allem in den Meeren des Mesozoikums lebenden Meeresschwämme entstanden sind. Seltener sind die Vorkommen der kristallisierten Abarten des Quarzes, zum Beispiel des Bergkristalls und Amethystes. Die bekanntesten Fundstätten der Feuersteinknollen, begleitet von Pyrit- oder Markasitkonkretionen, sind die Kreidewände auf der Insel Rügen.

Reine Kalksteine können unter günstigen Bedingungen die sogenannten *Karstformationen* herausbilden, die durch Auflösung oder Auslaugung des Kalksteins durch Wasser entstehen. Bekannte Karstformationen bildeten sich in

Jugoslawien (Istrien, Dalmatien), Griechenland, in der Türkei, in den Pyrenäen, in der Tschechoslowakei, in Belgien; von den außereuropäischen Ländern: in den USA (die Mammuthöhlen in Kentucky), in Mexiko, auf Jamaika, Java, in China und im Kaukasus.

Die Lagerstätten des *Bauxits* sind an die Schichten der Karstkalksteine gebunden, d.h. an die Sedimentgesteine, deren Hauptbestandteil die wasserhaltigen Aluminiumoxyde sind. Diese Lagerstätten entstanden durch Konzentration und Zersetzung der unlöslichen Rückstände aus den gelösten, an Aluminium reichen Kalksteinen unter tropischen oder subtropischen klimatischen Bedingungen. Die größten Vorkommen liegen in Mittelamerika; in Europa: in Frankreich, Ungarn, Jugoslawien und Griechenland.

Die *sedimentösen Eisenerze* entstanden durch Ablagerung aus dem Wasser am Meeres- und Seengrund. Sie haben in der Regel ein unterschiedliches geologisches Alter. Als Erz von Bedeutung sind besonders der Hämatit und komplizierte Eisensilikate. Praktische Bedeutung haben auch die analogen *Manganerzlagerstätten*, sowohl Mangankarbonate als auch Manganoxyde. Sie kommen in Indien und in der UdSSR bei Nikopol und im Kaukasus vor.

Zu den geologisch ältesten Ablagerungen gehören die sogenannten *Alaun-* oder *Kiesschiefer*, die reich an Pyrit sind und in zahlreichen Ländern noch im vorigen Jahrhundert zur Herstellung von Schwefelsäure abgebaut wurden. Sie sind protozoischen (algonkischen) oder altpaläozoischen Alters.

Mineralogisch interessant sind auch einige kohleführenden Schichten, besonders die Schichten des Karbons und Perms (jüngeres Eozoikum). Die Steinkohle entstand hier durch Umwandlung (trockene Destillation) der ersten Pflanzen des Festlandes, besonders der Farnkräuter. Die Kohleschichten enthalten oft in beträchtlicher Menge Pyrit und Markasit oder verschiedene Konkretionen, zum Beispiel Pelosiderit und weitere Mineralien. Mächtige Lagerstätten der Braunkohle entstanden in ähnlicher Weise aus den Nacktsamengewächsen im Tertiär. In der

Braunkohle kommen von den Mineralien vor allem Markasit und Pyrit vor, durch deren Verwitterung sekundäre Sulfate, am häufigsten Gips und Melanterit (Eisenvitriol) entstanden sind.

Annähernd das gleiche geologische Alter haben die *Erdölvorkommen*, die wahrscheinlich wie die Kohle organogenen Ursprungs sind.

Viele Mineralien entstehen vermutlich durch *Ablagerung aus dem Meerwasser*, das zahlreiche Salze, besonders Natriumchlorid, enthält. In Gebieten mit heißem und trokkenem Klima verdampft das Wasser aus den Buchten und Lagunen, und es kommt zur Kristallisation und Ablagerung der Salze auf dem Boden, in der Regel in Becken mit geringfügigem Durchfluß von Süßwasser. So entstehen zum Beispiel die Schichten des Gipssteins und des Steinsalzes. Klassische Beispiele für die Ablagerung von Steinsalz, die ständig vor sich geht, sind die Seen Salt-Lake in Utah, das Tote Meer und in der UdSSR der Elton-See, Kara-Bogaz-Gol und andere Buchten des Kaspisees.

Die jüngsten Ablagerungen — des Quartärs — bilden vorwiegend *Tone, Sande, Kies, Lösse* (durch die Tätigkeit des Windes entstandene Ablagerungen) und die *Lößlehme*. Reichhaltige Mineralienfundstätten sind vor allem die Aufschwemmungen, in denen sich schwere, wasserunlösliche Mineralien (Gold, Diamanten, Granate, Saphire) konzentrieren. Weltbekannte Fundstätten in den Aufschwemmungen liegen in Indien, Brasilien und im Kongo.

Die zur Zeit entstehenden Mineralien werden als *rezente Mineralien* bezeichnet; so bildet sich noch jetzt an zahlreichen Stellen die jüngste Kohle (Torf) heraus, die durch Verkohlung des Torfmooses entsteht. Beispiele für rezente Mineralien sind die Ablagerungen der heißen Quellen, Aragonit, Opal, der Geysirit, ferner die sogenannten *Guanomineralien*. Das sind Phosphate, die durch Einwirkung der angehäuften Exkremente von Seevögeln und Fledermäusen — des Guano — auf den Kalksteinen entstanden sind; sie kommen in zahlreichen Karsthöhlen vor.

Metamorphe Gesteine

Kein in einer bestimmten Tiefe der Erdkruste oder an ihrer Oberfläche entstandenes Gestein bleibt unverändert. Während der zehn und hundert Millionen Jahre sanken einige Schichten der Erdkruste ab, bzw. wurden vom Meer überspült. Der Meeresgrund bedeckte sich fortwährend mit mächtigen Ablagerungsschichten; auf diese Weise gelangten früher auf der Erdoberfläche entstandene Gesteine in große Tiefen. Diese Gesteine waren einem beträchtlichen Druck und einer hohen Temperatur ausgesetzt und verwandelten sich zu den sogenannten metamorphen Gesteinen. In den metamorphen Gesteinen findet man, ähnlich wie bei den Eruptivgesteinen, hauptsächlich unter hohen Temperaturen entstandene Mineralien.

In der Natur trifft man auch sehr häufig Bereiche an, die sich aus metamorphen und Eruptivgesteinen zusammensetzen. Man spricht dann von *kristallinen Gesteinen*, und der Bereich ihres Vorkommens wird als *Kristallinikum* bezeichnet.

Von den an Siliziumdioxyd armen metamorphen Gesteinen sind hauptsächlich die Serpentine und Amphiboliten von Bedeutung. Die *Serpentine* entstanden meistens durch Umwandlung der an Olivin reichhaltigen Gesteine. Die größten und bedeutendsten Fundstätten der Serpentine liegen in den USA, auf Kuba, in Neukaledonien, in Griechenland, Italien, Polen, in der Tschechoslowakei, in Sachsen und im Ural. In den stückigen Serpentinen treten zahlreiche Adern des Serpentinasbestes — des Chrysotils — auf, der als qualitativ hochwertigste Asbestsorte überhaupt gewonnen wird. Durch Verwitterung der Serpentine enstehen verschiedene wasserhaltige Silikate, zum Beispiel Chlorite, Talk, aber auch Magnesiumkarbonat (Magnesit) und das wasserhaltige Siliziumdioxyd (Opal).

Eine andere wichtige Gruppe der an Siliziumdioxyd armen metamorphen Gesteine sind die *Amphiboliten*. Sie entstanden durch Umkristallisation der ebenfalls an Siliziumdioxyd armen Eruptivgesteine. Sie werden hauptsächlich durch den Amphibol und den Kalifeldspat-Anorthit (Plagioklas) gebildet.

Die *kristallinen Kalksteine* oder *Marmore,* ursprünglich abgelagerte Gesteine, verwandelten sich durch die Einwirkung hoher Temperaturen im Erdinneren in kristalline Gesteine. Sie unterscheiden sich von den abgelagerten massiven Kalksteinen durch ihre Körnigkeit; bei der Umkristallisation kam es in manchen Fällen auch zu Veränderungen in der chemischen Zusammensetzung. Das geschah hauptsächlich an den Stellen, wo sich Kalksteine und Eruptivgesteine berührten. Mineralien, die an den Berührungsstellen entstehen, werden als *Kontaktmineralien* (hauptsächlich Silikate) bezeichnet.

In engem Zusammenhang mit den kristallinen Kalksteinen stehen die *Graphitlagerstätten,* die oft Einschlüsse entweder unmittelbar in den kristallinen Kalksteinen oder in den Gneisen bilden. An den Graphitlagerstätten finden sich die gleichen Mineralien wie in den kristallinen Kalksteinen, sie sind meistens nur weniger typisch entwickelt.

Die *Gneise,* die häufigsten metamorphen Gesteine, sind mineralogisch relativ unbedeutend. Am häufigsten treten in ihnen verschiedene Arten der Granate oder verschiedene Aluminiumsilikate auf (sie sind für die Gneise sedimentären Ursprungs, die sogenannten Paragneise, charakteristisch). Der Gneis ähnelt in seiner Zusammensetzung sehr dem Granit; seine wesentlichen Bestandteile, ebenso wie beim Granit, sind Glimmer und Feldspat. Man erkennt ihn an seiner charakteristischen Schichtung.

Durch ihre Entstehung gehören hierher auch die metasomatischen Lagerstätten der Karbonatgesteine (Metasomatose — siehe Seite 33). Sie entstanden durch Auflösung der ursprünglichen Schichten des Kalziumkarbonats (Kalksteins), bzw. des Kalzium-Magnesium-Karbonats (Dolomits), und deren Ersetzen durch weniger lösliche Bestandteile. Das häufigste Mineral der Lagerstätten dieses Typs ist der Siderit, der hier gleichzeitig ein wichtiges Eisenerz darstellt. An der Oberfläche der Lagerstätten verwandelt sich Siderit in Limonit (Brauneisenstein), der den wesentlichsten Teil des sogenannten Eisernen Hutes (Gossans) ausmacht; das ist die Zone der Oberflächenverwitterung der Erze. Ähnlich wie die Lagerstätten des Siderits bildeten sich auch die Lagerstätten des Magnesits heraus; ihre praktische Bedeutung ist ebenfalls beträchtlich. Siderit- und Magnesitlagerstätten kommen in Österreich, in der Tschechoslowakei und in der UdSSR vor.

Verschiedene Sulfide sind in ihrer Entstehung jünger als die Karbonate. Sie durchsetzen die Karbonate und verdrängen sie stellenweise zum Teil metasomatisch. Die Kupfererze, zum Beispiel Chalkopyrit, treten hier relativ häufig auf, aber auch Bleierze, Pyrit, ferner Kobalt-Nickelerze, Zinnober und Antimonit.

Ein anderer Typ der Erzvorkommen, vor allem der Eisenerze in metamorphen Gesteinen, sind die *Skarne,* die meistens durch Umwandlung der Kalksteine in kristallinen Schiefern entstehen. Der Kalkstein wird bei diesen Umwandlungen durch den Einfluß der angrenzenden Gesteine durch die sogenannten *Skarngesteine* ersetzt. Dazu gehört vor allem der Magneteisenstein, der am häufigsten von eisenreichen Silikaten, zum Beispiel von den Amphibolen, dem kalk- und eisenhaltigen Granat (Andradit) und anderen basischen Mineralien begleitet wird. Die bekanntesten Skarnlagerstätten liegen in Finnland (Outokumpu) und in Mittelasien.

CHEMISCHE ZUSAMMENSETZUNG DER MINERALIEN UND MINERALSYSTEM

Jedes Mineral hat eine bestimmte chemische Zusammensetzung, die durch eine chemische Formel ausgedrückt werden kann. In der Natur kommen jedoch die Stoffe nicht rein vor, sondern enthalten immer verschiedene Beimengungen. Diese Beimengungen in den Mineralien sind meistens nicht zufällig, weil bestimmte Elemente gemeinsam so auftreten können, wie es den physikalisch-chemischen Gesetzmäßigkeiten entspricht.

Diese Erscheinung in der chemischen Verbindung wird als *isomorphe Substitution* bezeichnet. Beim Olivin substituieren untereinander isomorph Eisen und Magnesium, die immer vertreten sind; ihr Verhältnis (gegenseitige Gewichtsmenge) ist also bei den verschiedenen Olivinen unterschiedlich. Die chemische Formel des Olivins (Magnesium-Eisensilikates) lautet wie folgt: $(Mg, Fe)_2SiO_4$, wobei die Elemente Mg und Fe, in der chemischen Formel durch ein Komma getrennt und in Klammern angeführt, sich gegenseitig vertreten können. Viele Mineralien können aber trotzdem durch die üblichen Formeln der chemischen Verbindungen (zum Beispiel SiO_2 — Quarz, $CaCO_3$ — Kalkspat und Aragonit oder $KAlSi_3O_8$ — Feldspat-Orthoklas) bezeichnet werden.

Aus der chemischen Formel kann man zum Beispiel ermitteln, wieviel Metall oder andere nutzbare Elemente ein bestimmtes Mineral annähernd enthält. Jedes Element hat ein bestimmtes Atomgewicht*), und es genügt, die entsprechenden Zahlen in die chemische Formel einzusetzen und auf die Prozente zu übertragen. Am Beispiel des Ma-

*) Das Atomgewicht ist das Verhältnis des tatsächlichen Gewichtes eines Atoms des Stoffes zu $^1/_{16}$ des Atomgewichtes von Sauerstoff, der als Grundelement gewählt wurde und das Atomgewicht gleich 16 besitzt.

gneteisensteins (Fe_3O_4): Atomgewicht Fe = 55,85, Atomgewicht O = 16. Molekulargewicht**) Fe_3O_4 = 3 × 55,85 + 4 × 16 = 167,55 + 64 = 231,55. Aus diesem Molekulargewicht kann der Gehalt an Fe anhand des Dreisatzes errechnet werden. Magneteisenstein Fe_3O_4 = 100 %; davon Fe = 167,55 = X %.

$$X = \frac{167{,}55 \times 100}{231{,}55} = 72{,}4\ \%.$$

Das Magneteisenerz enthält 72,4 % Fe.

Die Mineralien werden in das System nach ihrer chemischen Zusammensetzung und den strukturell kristallographischen Eigenschaften eingereiht. Die Mineralien werden in folgende neun Klassen unterteilt:

1. *Elemente:* Sie bilden eine relativ seltene Mineralgruppe. Von den bisher bekannten 103 Elementen finden sich in der Natur nur 22, wenn man einige ganz vereinzelte oder nicht verbürgte Vorkommen nicht dazurechnet. Bisher hat man keine neuen Leichtmetallvorkommen festgestellt, weil sie sehr leicht oxydieren. Die Anzahl der Mineralien aus der Elementengruppe ist allerdings größer als die genannten 22, weil einige, zum Beispiel der Kohlenstoff, zwei Mineralien (den Diamanten und den Graphit) bilden.
2. *Sulfide und analoge Verbindungen:* Hierher werden außer den Sulfiden auch ähnliche Arsen-, Selen-, Antimon- und Tellurverbindungen eingereiht, weil sich diese Elemente ähnlich wie der Schwefel verhalten.
3. *Halogene:* Das sind Metallverbindungen mit einigen der sogenannten Halogenelemente, d.h. mit Chlor, Fluor, Brom oder Jod. In der Natur sind sie im Vergleich mit den sonstigen Mineralgruppen relativ schwach vertreten. Häufig treten nur der Flußspat und das Steinsalz auf.

**) Das Molekulargewicht ist die Summe der Atomgewichte der das Mineral bildenden Elemente.

4. *Oxyde:* Das sind Sauerstoffverbindungen mit metallischen und nichtmetallischen Elementen. Sie werden in *wasserfreie* (Quarz, Cassiterit) und *wasserhaltige* Oxyde (Opal, Goethit) unterteilt.
5. *Karbonate:* Man gliedert sie in *wasserfreie* (Kalkspat, Siderit) und *wasserhaltige* Karbonate (Malachit, Azurit).
6. *Sulfate:* Sie werden ebenfalls in *wasserfreie* (Anhydrit, Baryt) und *wasserhaltige* Sulfate (Gips) unterteilt. Den Sulfaten verwandt sind die *Chromate, Wolframate* (Wolframit) und die seltenen *Molybdate.*
7. *Phosphate:* Dazu rechnet man auch die *Arsenate* und die seltenen *Vanadate.* Die Phosphate sind gleich nach den Silikaten die umfangreichsten von allen Mineralgruppen, was die Anzahl der Arten anbelangt.
8. *Silikate:* Die Silikate sind die am stärksten verbreitete Gruppe der Mineralien überhaupt. Sie machen etwa 40 % aller Mineralarten aus. Der Quarz ist in manchen Silikaten teilweise durch das Aluminium vertreten. Diese Silikate werden dann als *Alumosilikate* bezeichnet (Feldspäte, Kaolinit).
9. *Organische Verbindungen (Organolithen):* Unter organischen Verbindungen versteht man 1. die natürlichen Salze der organischen Säuren; 2. die natürlichen Kohlenwasserstoffe, das sind die Verbindungen des Kohlenstoffes und Wasserstoffes unter verschiedenen gesetzmäßigen Verhältnissen; 3. die fossilen Harze (Harze der ausgestorbenen Bäume). Auch alle Arten der Kohle, das Erdöl, das Erdwachs und auch noch einige andere Massen werden manchmal zu den Mineralien gerechnet.

Zum Abschluß dieses Kapitels wären noch die Grundprinzipien der mineralogischen Terminologie zu erwähnen, die sich zum Beispiel von der zoologischen oder botanischen Terminologie wesentlich unterscheiden. Im Unterschied zu ihnen ist sie nicht binomisch, d.h. sie setzt sich nicht aus dem Ursprungs- und Gattungsnamen zusammen. Man bezeichnet die Mineralien nur mit einem Namen. Für die meisten Mineralien ist die Bezeichnung international.

Die Namen werden am häufigsten aus dem Griechischen abgeleitet und mit der Endung „-it“ versehen. Weniger häufig sind die Namen lateinischen Ursprungs mit den Endungen „-in“ und „-an“. Nur die gebräuchlichsten und aus der technischen Praxis her bekannten Mineralien tragen nationale Bezeichnungen, die entweder aus einer Sprache in alle anderen übergegangen sind und international wurden (Korund, Chalzedon), oder in den verschiedenen Sprachen unterschiedlich sind. Zahlreiche Bezeichnungen der Mineralien sind von den Eigennamen abgeleitet, hauptsächlich von verschiedenen Fundorten der Mineralien (zum Beispiel das Bauxit nach dem Fundort Les Baux bei Arles in Südfrankreich), oder von den Namen hervorragender Persönlichkeiten (zum Beispiel Goethit).

Im folgenden Bildteil des Buches sind die Mineralien nach keinem System geordnet, sondern nach ihrer charakteristischen praktischen Anwendung. Zuerst werden die Erzmineralien (Eisen-, Mangan-, Nickel-, Chrom-, Wolfram-, Molybdän-, Zinn-, Blei-, Zink-, Kupfer-, Silber-, Quecksilber-, Gold-, Antimon-, Arsen- und Uranerze), anschließend die sonstigen nutzbaren Mineralien (die Rohstoffe für die chemische Industrie, feuerfeste Rohstoffe, die Rohstoffe für die Keramik- und Glasindustrie, Bauindustrie und schließlich die Edelsteine) behandelt. An diesen Teil schließen sich noch zwei interessante Gruppen der gesteinsbildenden Mineralien (Amphibole und Augite) an.

BILDTAFELN

Magnetit, Magneteisenstein

Eisen (II, III)oxyd — Fe_3O_4 kubisch
Härte: 5,5 bis 6,5
Dichte: 4,9 bis 5,2
Strich: schwarz

Der Magneteisenstein hat den höchsten Eisengehalt. Er enthält bis zu 72 % Eisen. Er ist schwarz, metallisch glänzend und bildet körnige bis kompakte Massen. Seltener kristallisiert er in Form schwarzer Oktaeder. Der Magnetit ist stark magnetisch. Am häufigsten tritt er in den Skarnen, Eruptiv- und metamorphen Gesteinen auf. Die wichtigsten und ergiebigsten Lagerstätten sind die Gebirge im nördlichen Schweden, in Norwegen, im Ural (UdSSR) und zahlreiche Orte in den USA (Minnesota, Newcomb im Staate New York usw.).

Diesem interessanten Mineral widmeten schon die Naturforscher und Philosophen des Altertums ihre Aufmerksamkeit. Erwähnt wird er bereits von dem römischen Naturforscher Plinius d. Ä. (23 bis 79 n. Chr.). Er spricht von einem Hügel am Flusse Indus, der angeblich gänzlich aus einem Stein besteht, der Eisen anzieht. Noch früher kannten ihn schon die alten Chinesen (11. Jh. v. Chr.), was aus erhalten gebliebenen Aufzeichnungen hervorgeht. Die Bedeutung des Magnetits beruht auf dem reichhaltigen und hochwertigen Gehalt an Eisenerz. Außerdem ist das Erz sehr leicht zu verarbeiten.

1. Kristall des Magneteisensteins im Chloritschiefer (Pfitsch, Tirol)
2. Derbes Magneteisenerz (N. Jersey, USA)

1

2

Hämatit, Blutstein

Der Hämatit ist eines der am häufigsten vorkommenden Mineralien überhaupt. Er bewirkt eine rötliche Verfärbung des Bodens, der Gesteine oder ganzer Felsenriffe. Als Eisenerz enthält er annähernd 70 % Metall. Er kommt in der Natur in den verschiedensten Formen vor. Die Farbe ist unterschiedlich, am häufigsten dunkelrot bis schwarz. Die Strichfarbe ist aber immer blutrot bis rotbraun, daran kann man den Hämatit erkennen. Nach der roten Farbe erhielt er auch seinen Namen (aus dem griechischen aima — Blut).

Die häufigste Abart ist der feinkörnige bis pulverige Hämatit, genannt *roter Eisenocker.* Von großer praktischer Bedeutung ist der oolithische Hämatit, der durch Ablagerung am Meeresboden entstand. Der kugelige bis nierenförmige Aggregate bildende Hämatit, der manchmal mit seiner Form an einen Schädel erinnert, erhielt den Namen *Glaskopf.* Der blättrige Hämatit wird *Eisenglimmer* genannt; er bildet feine Agglomerate oder zusammen mit dem Quarz das Gestein Itabirit (benannt nach der Fundstätte im Gebirge Itabira in Brasilien). Wunderschöne rhomboedrische Kristalle des buntgefärbten Hämatits findet man auf der italienischen Insel Elba. Die schöne Verfärbung seiner Kristalle entsteht durch die Brechung und Zerlegung des Lichtes in der angewitterten Oberflächenschicht des Minerals (sogenannte Anlauffarben).

Eisen (III)oxyd — Fe_2O_3
rhomboedrisch
Härte:
5 bis 6 (mit Ausnahme der pulverigen Abarten)
Dichte:
5,25
Strich:
rot bis rotbraun

1. Kristallgruppe des Hämatits mit Anlauffarben (Insel Elba)
2. Hämatit — Eisenglimmer (Fichtelgebirge, BRD)
3. Itabirit (Itabira, Brasilien)
4. Kristall des Hämatits

1

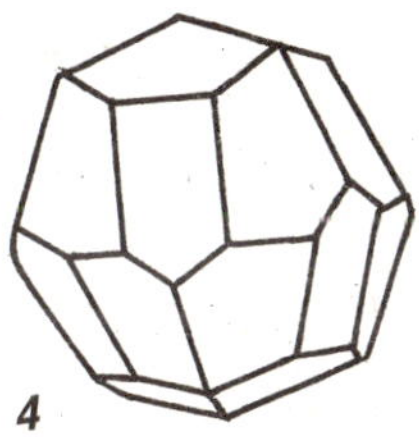

4

2

3

Hämatit, Blutstein

Wegen seines auffallenden Farbenreichtums wird er *Papageienerz* genannt. Eine Erwähnung von ihm findet man sogar in der Äneis von Vergil, in der der berühmte römische Dichter (1. Jh. v. Chr.) seine Schönheit bewundert. Die Fundstätten des Hämatits sind sehr zahlreich. Die reichhaltigsten Lagerstätten findet man in Schweden, in den USA und in der UdSSR.

Der Hämatit ist ein wichtiges Eisenerz, obwohl er weniger Eisen als der Magnetit enthält. Er war bereits im Altertum bekannt und wurde schon abgebaut. Derber Hämatit wurde auch als Dekorationsstein, besonders beliebt bei den Babyloniern und Ägyptern, verwendet, wie Ausgrabungen beweisen. Auch aus dem englischen und böhmischen Glaskopf (Horní Blatná bei Jáchymov) wurden Steine für Siegelringe und verschiedene Intaglien hergestellt. Der rote Ocker wird auch als Rohstoff für die Herstellung roter Farben, beim Polieren und Schleifen von Gold- und Silbergegenständen sowie bei der Bearbeitung einiger Edelsteine verwendet.

Eisen (III)oxyd — Fe_2O_3
rhomboedrisch
Härte:
5 bis 6 (mit Ausnahme der pulverigen Abarten)
Dichte:
5,25
Strich:
rot bis rotbraun

1. Hämatit — Glaskopf (England)
2. Oolithischer Hämatit (Lothringen, Frankreich)
3. Derber Hämatit (Schweden)

1

2

3

Limonit, Brauneisenstein

Brauneisenstein ist im wesentlichen die natürliche Rostbildung, die 48 bis 63 % Eisen enthält. Er bildet sich sehr häufig, vor allem durch die Verwitterung anderer Eisenerze, deren Oberfläche er rostig verfärbt. Die alten Bergleute nannten ihn deshalb treffend „eiserner Hut". Der Limonit ist meistens pulverig oder erdig, jedoch auch derb, oft mit nieren- oder tropfsteinförmiger Oberfläche. Vom Hämatit, mit dem er in der Natur häufig gemeinsam vorkommt, ist er durch die ausdrucksvoll gelbbraune Farbe des Striches zu unterscheiden, obwohl er derb manchmal an der Oberfläche bunt gefärbt ist (Anlauffarben).

Die bedeutendsten Lagerstätten liegen in Schweden und Finnland, wo er als *Sumpf-* oder *See-Erz (Morasterz)* bezeichnet wird, weil er am Grund mancher Seen entsteht. Er bildet sich dort unter Beteiligung der Mikroorganismen und ist von größter Bedeutung auch deshalb, weil sich hier ständig neue Bestände ablagern. Die Lagerstätten werden auf diese Weise ständig regeneriert. Aufgrund der Tatsache, daß der Limonit relativ wenig Eisen enthält, lohnt sich seine Förderung nur dort, wo er in größeren Mengen vorkommt oder andere Eisenerze begleitet.

Wäßriges Eisenoxyd mit veränderlichem Wassergehalt $FeO(OH) + n\,H_2O$ kolloid
Härte: veränderlich am häufigsten 4 bis 5,5 (beim Ocker bis 1)
Dichte: 2,7 bis 4,3
Strich: gelbbraun

1. Tropfstein-Limonit (Südslowakei)
2. Derber Limonit – Sumpferz (Finnland)
3. Limonit – Sumpferz (Schweden)

1

2

3

Goethit

Die Farbe und chemische Zusammensetzung ähneln dem Limonit. Im Unterschied zu ihm bildet der Goethit jedoch Kristalle, am häufigsten kleine und nadelige. Mit der rostbraunen Farbe und vor allem durch die Geschmeidigkeit seiner dicht gruppierten nadeligen Kristalle, die an einen weichen Samtstoff erinnern, zeichnet sich die Abart des Goethits, die *Samtblende*, bekannt aus Příbram in Böhmen, aus. Der Goethit entsteht zusammen mit dem Limonit durch Verwitterung des Pyrits, aus heißen Lösungen (hydrothermal) oder durch Dehydratation des Limonits selbst. Die bekanntesten Fundstätten außer Příbram liegen im Siegerland und im Slowakischen Erzgebirge. Dort wird er auch als Erz aus den Lagerstätten, in denen er in größerer Menge zusammen mit dem Limonit vorkommt, gefördert.

Seine praktische Bedeutung ist im großen und ganzen gering. Deshalb lohnt sich die Förderung nur gemeinsam mit anderen Eisenerzen. Wegen seines auffallenden Aussehens ist er bei den Mineraliensammlern besonders beliebt.

Wäßriges Eisenoxyd — FeO(OH)
rhombisch
Härte: 5 bis 5,5
Dichte: 4,3 (bei Aggregaten sinkt sie bis auf 3,3)
Strich: braun bis gelbbraun

1. Stengeliger Goethit mit Quarzkristallen (Riesengebirgsvorland, Böhmen)
2. Goethit — Samtblende mit kleinen Pyritkristallen (Příbram, Böhmen)

1

2

Siderit, Eisenspat

Der Siderit ist ein Eisenerz, das 48 % Metall enthält. Die Farbe ist in der Regel braun, die Struktur stückig und auch kristallisiert. Die besten Musterstücke der rhomboedrischen Kristalle, gruppiert zu Rosettengebilden und Drusen, stammen am häufigsten aus Erzgängen. Die Vorkommen dieser Art haben keine praktische Bedeutung, weil der Siderit nicht in abbauwürdiger Menge auftritt und von anderen Erzen durchsetzt ist. Die bekannteste Fundstätte ist der Erzberg bei Eisenerz in Österreich, der ganz aus Siderit besteht. Die Förderung des Siderits begann dort schon Anfang des 8. Jahrhunderts und wird bis heute fortgesetzt. Der Berg bestand ursprünglich aus Kalkstein, aber die aus dem Erdinneren aufsteigenden heißen Lösungen lösten ihn auf und lagerten den Siderit ab (sogenannte hydrothermale Metasomatose). Interessant sind auch die Vorkommen des tonigen Siderits *(Pelosiderit)*, der in manchen Kohlebecken dunkelgraubraune, körnige Formationen bildet. Der Siderit ist ein wichtiges Eisenerz, obwohl er nur einen relativ geringen Prozentsatz an Metall enthält, weil er im Vergleich mit anderen Eisenerzen sehr rein ist und sich sehr gut verarbeiten läßt.

Eisen (II)karbonat — $FeCO_3$
rhomboedrisch
Härte:
4
Dichte:
3 (annähernd)
Strich:
farblos

1. Körniger Siderit mit Anlauffarben (Eisenerz, Steiermark)
2. Kristallgruppe des Siderits (Lobenstein, Thüringen)
3. Pelosiderit-Konkretion (Nordengland)

1

2

3

Pyrolusit; Braunmanganerz; Psilomelan

Manganoxyde:
Pyrolusit — MnO_2 regulär
Braunmanganerz — $MnO(OH)$ monoklin
Psilomelan - $(Ba, H_2O)_2Mn_5O_{10}$ monoklin
Härte:
Pyrolusit 2
Braunmanganerz 4
Psilomelan bis zu 6
Dichte:
schwankt zwischen 3,2 (Psilomelan) und 5 (Pyrolusit)
Strich:
schwarz (Pyrolusit und Psilomelan) bis braun (Psilomelan und Braunmanganerz

Diese drei verwandten Mineralien sind die wichtigsten Manganerze. Sie enthalten mehr als 60 % Metall. In den Lagerstätten treten sie meistens gemeinsam auf, oft auch in erdigem Gemisch mit einer Beimengung von Eisen *(Wad).* Die Farbe ist schwarz. Das *Braunmanganerz* bildet Kristalle mit säuligem Habitus, gruppiert in Drusen. Man findet sie auch in Form von Überzügen und feinfaserigen Massen, ähnlich wie der *Pyrolusit.* Der *Psilomelan* und häufiger der schwarzbraune Wad bilden Zeichnungen an den Klüften verschiedener Gesteine *(Dendriten).* Die ökonomisch bedeutendsten Lagerstätten der Manganerze sind sedimentären Ursprungs. Aber auch die durch Verwitterung anderer Mangan enthaltender Mineralien entstandenen Vorkommen sind wichtig. Die größten Lagerstätten der Manganerze liegen bei Nikopol in der Ukraine und in Indien. In allen bedeutenden Sammlungen auf der ganzen Welt findet man Drusen des Braunmanganerzes aus Ilfeld (Harz).

Der größte Teil des geförderten Mangans (fast 95 %) wird zur Qualitätsverbesserung des Eisens verwendet. Zur Stahlgewinnung dient Ferromangan, eine Legierung von Eisen und Mangan. Eine Beimengung von Mangan im Stahl bewirkt größere Elastizität, Kohäsion und Stoßfestigkeit. Das Mangan wird auch in der chemischen Industrie zur Herstellung von Desinfektionsmitteln, Batterien und Streichhölzern verwendet.

1. Kristallgruppe des Braunmanganerzes (Ilfeld, Harz)
2. Nierenförmiger Psilomelan (Siegen, Westfalen)
3. Körniger Pyrolusit (Indien)
4. Mangandendriten (Mittelböhmen)

1

2

3

4

Nickelin

Als beim Schürfen von Kupfererzen Nickelin gefunden wurde, sah man dieses Mineral ebenfalls als Kupfererz an. Man versuchte aber vergeblich, daraus Kupfer herzustellen. Deshalb nannte man ihn „Kupfernickel" (Nikkel — Nichtsnutz, Gassenjunge). Erst später stellte man fest, daß das Mineral eine Verbindung des Arsens mit einem neuen Element ist, das nach dieser Bezeichnung benannt wurde, nämlich Nickel. Nickelin enthält fast 44 % Metall und bildet feinkörnige, kupferig gelbrote, metallisch glänzende Aggregate in den Erzgängen, häufig gemeinsam mit den selteneren Kobalterzen. An der Oberfläche ist er oft von der hellgrünen *Nickelblüte (Annabergit*, ein wasserhaltiges Nickelarsenat), die aus ihm entsteht, überzogen. Die Hauptfundorte des Nickelins liegen in der Provinz La Rioja in Argentinien, in Europa im Sächsischen Erzgebirge (Schneeberg) und in Böhmen (Jáchymov, Příbram).

Nickelin ist ein wichtiges Nickelerz. Nickel wird wie das Mangan vor allem zur Metallvergütung, zum Beispiel für Sonderstähle, verwendet. Wegen seiner Widerstandsfähigkeit gegenüber chemischen Reagenzien wird es auch zur Herstellung verschiedener Werkzeuge verwendet, bzw. werden mit Nickel Metallüberzüge galvanisch aufgebracht. Man verwendet es auch bei Akkumulatoren. Nickelmonoxyd wird auch den Emaillen zugesetzt.

Nickelarsenid — NiAs
hexagonal
Härte: 5–5,5
Dichte: 7,3–7,8
Strich: schwarz

1. Nickelin (Schladming, Steiermark)
2. Ausblühungen des Annabergits im Nickelin (Jáchymov, Böhmen)

1

2

Garnierit; Pimelit

Diese beiden nah verwandten Mineralien sind eine weitere wichtige Quelle für Nickel; sie enthalten 15–33 % dieses Metalls. Meistens sind sie derb und erdig, selten nierig. Die Farben sind lebhaft grün und reichen von einem bläulichen Farbton über blasses Apfelgrün bis Weiß. Sie entstanden bei der Umwandlung der Olivingesteine, durch Freiwerden der isomorphen Nickelbeimengungen aus dem Olivin und teilweise auch aus manchen Pyroxenen. Garnierit und Pimelit entstehen gemeinsam mit anderen wasserhaltigen Silikaten. Zusammen mit ihnen konzentrieren sie sich in den Überzügen und Äderchen, die netzartig im zersetzten Serpentin verlaufen. Die bedeutendsten Lagerstätten dieser Art liegen in der Umgebung der Stadt Numea auf Neukaledonien (10 % der Weltförderung von Nickelerzen) und auf Kuba; in Europa in Griechenland, in Oberschlesien (Zabkowice Sl.) und in der UdSSR (Chalilowo im Südural und Rewda bei Swerdlowsk). Hier treten sie gemeinsam mit den Chromerzen auf. Ähnlich sind auch die kleinen Lagerstätten der wasserhaltigen Nikkelsilikate, gebildet vorwiegend durch Pimelit an den Gesteinsmassen des Serpentins in Südböhmen (Křemže unterhalb des Berges Kleť im Gebiet von Č. Krumlov).

Komplizierte Magnesium-Nickel-Hydrosilikate
kryptokrystallin
Härte: 2,5–3,5
Dichte: 2,3–2,8
Strich: farblos

1. Garnierit (Numea, Neukaledonien)
2. Pimelit (Numea, Neukaledonien)

1

2

Chromit

Chrom (III)-
Eisen(II)-oxyd –
Cr_2FeO_4
regulär
Härte:
5,5
Dichte:
4,5 bis 4,8
Strich:
braun

Dieses Mineral ist das einzige Chromerz, das bis zu 46 % Chrom enthält. Die Ähnlichkeit mit dem Magneteisenerz ist so groß, daß man beide auf den ersten Blick nicht voneinander unterscheiden kann. Im Unterschied zum Magneteisenerz ist Chromit nicht magnetisch und weist einen braunen Strich auf (das Magneteisenerz hat einen schwarzen Strich). Chromit bildet am häufigsten Körner und feinkörnige sowie grobkörnige Erznester, Streifen und Anhäufungen in den Olivingesteinen, in denen es als ursprünglicher Bestandteil vorkommt, und in den Serpentinen, die durch seine Zersetzung entstehen. An der Spitze der Weltproduktion von Chromerz liegen Südrhodesien, die Südafrikanische Republik, die Türkei, die Philippinen und die UdSSR. Bedeutende Lagerstätten gibt es außerdem in den USA, in Jugoslawien und Albanien. Es ist interessant, daß das Chrom erstmals in einem anderen, relativ seltenen Mineral festgestellt wurde, und zwar im *Krokoit.* Das Bleichromat $PbCrO_4$ bildet schöne, feurig rote Kristalle in den Fundstätten des Chromits in Dundas auf der Insel Tasmanien (bei Australien) und in Beresowsk im Ural. Das Chrom ist ein weiteres, zur Vergütung des Eisens verwendetes Element. Fast die Hälfte der Weltförderung dieses Metalls wird heute zur Herstellung vielseitig verwendbarer Chromstähle von hoher Qualität, zum Beispiel bei der Herstellung von Eisenbahnwagen, Brückenkonstruktionen, schweren Waffen und in der Flugzeugindustrie sowie im Schiffbau verwendet.

Grobkörniger Chromit (Ural, UdSSR)

Wolframit

Es gibt eine ganze Reihe von Erzen, die heute als Rohstoffe sehr gesucht sind und die früher als Abfall angesehen wurden. Dazu gehören zum Beispiel Sphalerit, die Nickelerze und die Wolframerze, die als unerwünschte Beimengung beim Erschmelzen der Zinnerze angesehen wurden. Das Wolframit erhielt angeblich seinen Namen von den alten deutschen Bergleuten (Wolf), weil es beim Erschmelzen mit dem Zinnstein sinterte, den es entwertete — geradezu „auffraß". Nach dem Wolframit wurde auch das im Jahre 1781 entdeckte Wolfram benannt. Schwarze, metallisch glänzende, säulige bis tafelige Kristalle oder vollkommen spaltbare, blättrige und stengelige Aggregate des Minerals Wolframit treten am häufigsten in den Zinnstein-Erzgängen auf, wo sie oft vorherrschen. Die wichtigsten Lagerstätten liegen in den USA (Boulder Co. in Colorado), Bolivien und Südkorea, in Europa in Portugal. Bekannt sind auch die sächsischen und böhmischen Vorkommen (Zinnwald, Horní Slavkov).

Das Wolfram wird hauptsächlich in der Stahlindustrie zur Herstellung hochqualitativer Schnellarbeitsstähle für Werkzeugmaschinen verwendet. Das bekannteste Anwendungsgebiet des Wolframs ist die Herstellung von Leuchtdrähten für Glühlampen, die oft nur eine Stärke bis zu 1/100 mm besitzen. Das ist durch den außergewöhnlich hohen Schmelzpunkt des Wolframs von 3390 °C (der höchste bei den Metallen) möglich.

Eisen-Mangan-Wolframat — $(Fe, Mn)WO_4$
monoklin
Härte:
4,5 – 5,5
Dichte:
7 – 7,5
Strich:
rot bis braun

Kristallisierter Wolframit (Cinovec, Böhmen)

Molybdänit, Molybdänglanz

Der Name, abgeleitet aus dem Griechischen, entstand irrtümlich. Molybdaena bedeutet Graphit, mit dem er verwechselt wurde. Molybdänit ist das wichtigste Erz des Elementes Molybdän, von dem es 60 % enthält. Molybdänit bildet vollkommen spaltbare, metallisch graue, hexagonale, biegsame Blättchen und Plättchen, oft tatsächlich dem Graphit sehr ähnlich. Molybdänit unterscheidet sich vom Graphit durch einen Stich ins Blaue bis Violette und durch den metallischen Glanz. Die Vorkommen liegen hauptsächlich in hydrothermal umgewandelten Graniten und Pegmatiten, wo es gewöhnlich vom Zinnstein und Wolframit begleitet wird. Fast 90 % der Weltförderung des Molybdänits stammen aus den Lagerstätten Climax in Colorado (USA). Bedeutende Lagerstätten liegen in Chile und Quebec in Kanada. Die reichhaltigsten europäischen Fundstätten sind in Jugoslawien. Bekannt sind auch die Lagerstätten in Neusüdwales in Australien, in Malaysien, Korea und Ostchina.

Das metallische Molybdän wird vor allem in Eisenlegierungen verwendet, wo es mit Eisen einen sehr harten und festen Stahl bildet. Ebenso liefern seine Kohlenstofflegierungen ein sehr hartes Karbid. Aus Molybdän werden auch Häkchen hergestellt, an denen die glühenden Leuchtdrähte aus Wolfram in den Glühlampen befestigt sind. Es findet auch in Röntgenröhren und in der Elektrotechnik für die Herstellung von elektrischen Öfen Anwendung.

Molybdändisulfid – MoS_2
hexagonal
Härte:
1–1,5
Dichte:
4,7–4,8
Strich:
graugrün

1. Kristall des Molybdänits (Renfrew, Kanada)
2. Schuppen des Molybdänits im Quarz (Horní Slavkov, Böhmen)
3. Kristall des Molybdänits

1

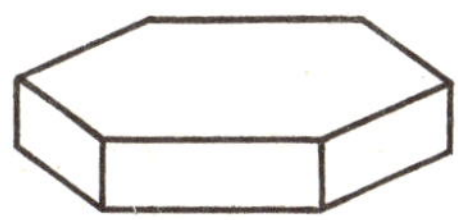

3

2

Cassiterit, Zinnstein

Cassiterit ist das wichtigste und reichhaltigste Zinnerz, das 78,6 % Metall enthält. Es bildet vollkommen säulige, schwarze, metallisch glänzende tetragonale Kristalle, oft gesetzmäßig zusammengewachsen *(Graupen)*. Manchmal ist es derb, körnig oder weist die Form stengeliger Aggregate auf. Cassiterit ist in der Regel in den Gesteinen eingesprenkelt (Greisen) oder bildet Ganglagerstätten, oft zusammen mit Wolfram- und Molybdänerzen. Es wird auch aus den Aufschwemmungen in Seifen gewonnen. Die größten Lagerstätten in den Aufschwemmungen liegen in Malaysien (Kuala Lumpur), von wo ein Drittel der Weltförderung stammt, und in Indonesien (Inseln Banka und Billiton). Die größten primären Lagerstätten befinden sich in Bolivien, im Fernen Osten und in der UdSSR. In Europa liegen die größten Lagerstätten in Cornwall in England, in der Bretagne in Frankreich (La Villeder) und in Böhmen (Erzgebirge).

Zinn ist das erste Metall, das der Mensch verwendete, weil es leicht zu verarbeiten und zu fördern ist. Es wurde bereits im 6. Jahrtausend v. Chr. erschmolzen, bevor der Mensch das Erschmelzen des Eisens lernte. Mit dem Zinnstein fand man oft Kupfererze vor, und beim gemeinsamen Erschmelzen entstand die Zinn- und Kupferlegierung — die Bronze. Heute wird Zinn vor allem zum Verpacken von Nahrungsmitteln (Konservendosen, Stanniol) verwendet, weil es für die menschliche Gesundheit unschädlich ist.

Zinndioxyd — SnO_2
tetragonal
Härte: 6—7
Dichte: 6,8—7,1
Strich: farblos

1. Zwilling des Cassiterits im Quarz (Cínovec, Böhmen)
2. Klumpen des Cassiterits (Malaysien)
3. Zwilling des Cassiterits

1

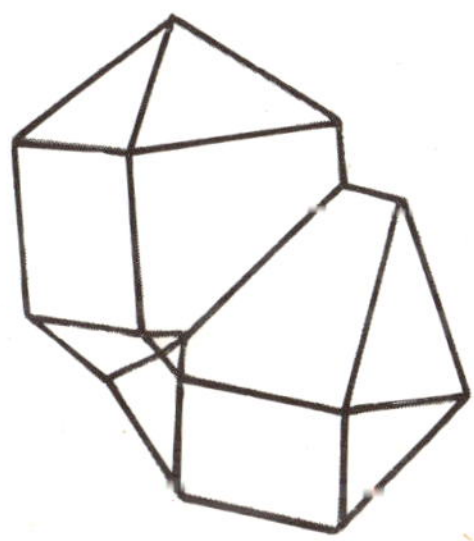

3

2

Galenit, Bleiglanz

Galenit ist das bedeutendste Bleimineral, das fast 87 % Blei enthält. Außerdem ist es das wichtigste Silbererz mit einem Gehalt bis zu 0,5 % (isomorphe Beimengung). Es ist auch ein sehr häufiges Mineral der Erzgänge verschiedener Zusammensetzung. Man findet es in Form von auffallenden grauschwarzen, metallisch glänzenden körnigen Ausfüllungen und regulären Kristalle. Es ist vollkommen spaltbar; durch einen bloßen Schlag zerfällt es oft in kleine Würfel. Es ist auffallend schwer. Die größten Lagerstätten liegen in den Tälern des Missouri und Mississippi in den USA (Joplin Co.), in Europa in Oberschlesien (Bytom). Weitere bekannte Fundorte sind Příbram (Böhmen), Bleiberg (Kärnten), Rodna in Siebenbürgen (Rumänien) und Broken Hill in Australien.

Galenit wird schon in den Berichten der Naturforscher des Altertums erwähnt. Das Blei verwendete der Mensch schon in uralten Zeiten, weil es sich leicht aus den Erzen gewinnen läßt. Die alten Römer stellten aus Blei Wasserleitungsrohre her. Eine intensive Anwendung des Bleies erfolgte nach der Entdekkung des Buchdrucks, wo es zur Grundlage des Letternmetalls wurde. Heute wird es für Kabelummantelungen, Akkumulatorenplatten und zum Schutz vor Strahlungen verwendet. Aus seinen Verbindungen werden Farbstoffe, vor allem das Bleiweiß und Bleirot (Mennige), Bleigläser und Emaillen hergestellt.

Bleisulfid – PbS
regulär
Härte:
2,5
Dichte:
7,3–7,6
Strich:
grau

1. Kristallgruppe des Galenits (Joplin, Missouri)
2. Kristallgruppe des Galenits (Freiberg, Sachsen)
3. Spaltformen des Galenits
4. Kristall des Galenits

1

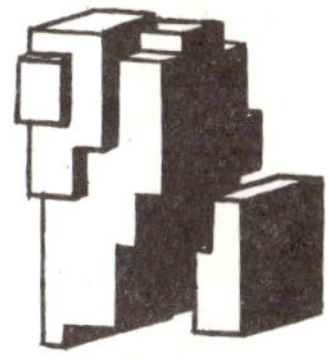

3

4

2

Sphalerit, Zinkblende; Wurtzit

Beide Mineralien haben die gleiche chemische Zusammensetzung, unterscheiden sich jedoch durch den inneren Aufbau und deshalb auch durch die Form ihrer Kristalle (Polymorphie). Sie enthalten 55–67 % Zink. Der häufiger auftretende *Sphalerit* erhielt seinen Namen aus dem griechischen sfaleros – täuschend, weil er in verschiedenen Farben vorkommt. Am häufigsten ist er braun, schwarz, grünlich oder rötlich und körnig. In den Klüften bildet Sphalerit stark metallisch glänzende, vollkommen spaltbare Kristalle. Der verhältnismäßig seltene *Wurtzit* ist braun bis gelbbraun, nierig, schalenförmig und strahlig stengelig. Beide Mineralien treten an den Erzgängen meistens gemeinsam mit Galenit auf (Komplexerze). Sphalerit ist eines der häufigsten Mineralien der Erzgänge überhaupt. Die größten Sphaleritlagerstätten befinden sich am oberen Mississippi in den USA, in Europa im belgisch-deutschen Grenzgebiet. Eine bekannte Fundstätte des Wurtzits ist Příbram (Böhmen).

Sphalerit ist das wichtigste Zinkerz; das Zink wird heute vor allem für oxydationsbeständige Metallüberzüge und Bleche verwendet. Aus ihm werden ferner das Gallium, Indium und Germanium (isomorphe Beimengungen) gewonnen, die ausgezeichnete Halbleitereigenschaften aufweisen. Sie werden deshalb in der Fernmeldetechnik bei der Herstellung von Detektoren und Transistoren verwendet.

Zinksulfide – ZnS
Sphalerit regulär
Wurtzit hexagonal
Härte:
Sphalerit 3–4
Wurtzit 4
Dichte:
Sphalerit 3,5–4,2
Wurtzit 3,5–4,1
Strich:
Sphalerit gelb bis braun
Wurtzit braun

1. Gruppe dunkler Sphaleritkristalle (Derbyshire, England)
2. Gruppe heller Sphaleritkristalle (Capnic, Rumänien)
3. Strahliger Wurtzit (Příbram, Böhmen)
4. Sphaleritkristall

1

2

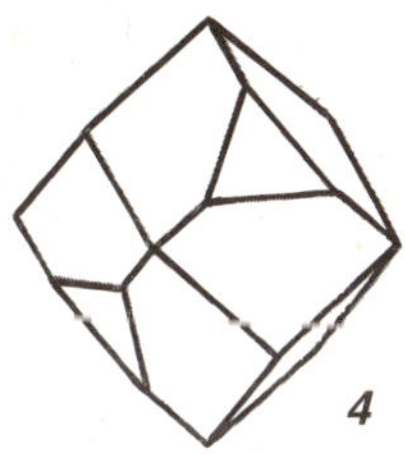

4

3

Kupfer

Kupfer – Cu
regulär
Härte
2,5 bis 3
Dichte
8,4 bis 8,9
Strich:
rot

Kupfer ist eines der wenigen Metalle, die in der Natur nicht nur in Verbindungen, sondern auch als Element vorkommen. Das gediegene Kupfer ist das reichhaltigste Kupfererz, das bis zu 100 % Metall enthält. Am häufigsten bildet es kristalline, dendritische Gebilde mit rotbrauner Farbe. Das gediegene Kupfer ist, ähnlich wie fast alle dieses Metall enthaltenden Mineralien, an der Oberfläche auffallend verfärbt. Am häufigsten ist es mit dem blauen Azurit und dem grünen Malachit überzogen. Kupfer entsteht in der Natur durch Kristallisation aus heißen Lösungen oder durch Zersetzung der schwefelhaltigen Kupfererze in den Oberflächenabschnitten der Erzgänge (Zementationszone). Das Kupfer erhielt seine wissenschaftliche Bezeichnung cuprum bereits im alten Rom nach seinem Vorkommen auf der Insel Zypern. Die bekannteste Fundstätte ist heute die Halbinsel Keewenaw Point am Südufer des Lake Superior im Staate Michigan, von den europäischen Fundorten Mednorudjansk (Ural) und Vareš (Bosnien).

Das Kupfer ist wahrscheinlich das erste Metall überhaupt, das der Mensch verwendete, und zwar deshalb, weil die Kupfererze sehr verbreitet sind und ihre Verarbeitung durch Erschmelzen verhältnismäßig einfach ist. Heute ist das Kupfer neben dem Eisen praktisch das meistverwendete Metall. Es wird vor allem zur Herstellung von Legierungen (Bronze und Messing) und in großem Umfang in der Elektrotechnik verwendet.

Kristallgruppe des Kupfers (Lake Superior, Michigan, USA)

Chalkopyrit, Kupferkies

Chalkopyrit enthält fast 35 % Kupfer. Es war bereits den alten Bergleuten sehr gut bekannt, weil seine bunte Oberflächenverfärbung, die übrigens sehr häufig auch bei anderen Kupfererzen auftritt, ihrer Aufmerksamkeit nicht entgehen konnte. Die sogenannten Anlauffarben, meistens violett, blau und rötlich, entstehen durch den Bruch und die Zerlegung der Lichtstrahlen in der angewitterten Oberflächenschicht des Minerals. Die eigentliche Farbe des angewitterten Chalkopyrits ist ähnlich wie die Farbe des Pyrits. Sie ist jedoch satter, messing- bis goldgelb und weist einen schwach grünlichen Farbton auf. Am häufigsten bildet Chalkopyrit körnige bis kompakte Gangfüllungen, seltener Kristalle in der Form ähnlich den Tetraedern. Der Chalkopyrit tritt meistens in Erzgängen auf, oft mit anderen Sulfiden, vor allem mit Galenit, Sphalerit, Pyrrhotin und Pyrit. Die bekanntesten Fundstätten liegen in den Alpen (Mitterberg im Gebiet Salzburg), in Mannsfeld in der DDR (sogenannte Kupferschiefer sedimentären Ursprungs), in Cornwall (Großbritannien), im Slowakischen Erzgebirge (Tschechoslowakei), in French Creek in Pennsylvanien (USA) und Arakava in Japan. Chalkopyrit ist in der Natur das am stärksten verbreitete Kupfererz.

Eisen(II)-Kupfersulfid – $CuFeS_2$
tetragonal
Härte:
3–4
Dichte:
4,1–4,3
Strich:
schwarzgrün

1. Kristalle des Chalkopyrits mit Quarz (Banská Štiavnica, Slowakei)
2. Derber Chalkopyrit (Slowakisches Erzgebirge)
3. Kristall des Chalkopyrits

1

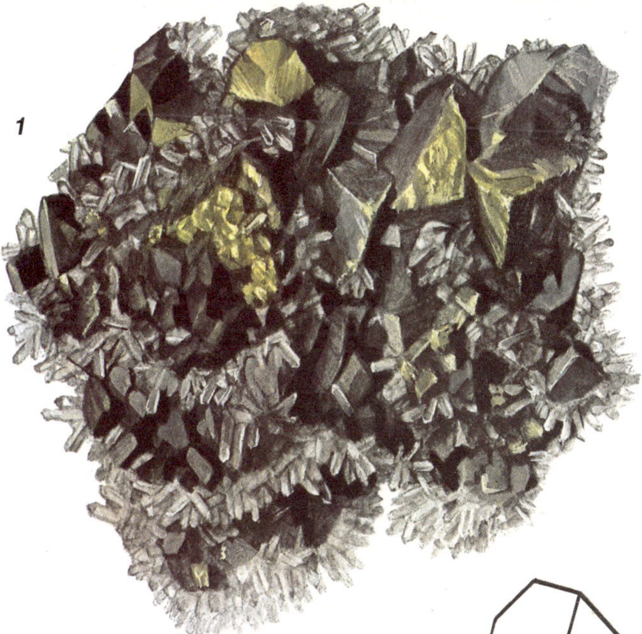

2

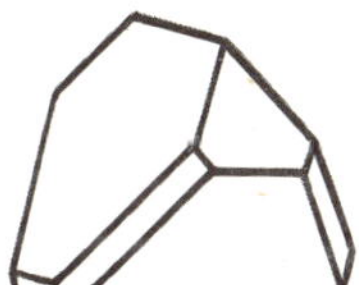

3

Malachit; Azurit

Malachit enthält annähernd 57 %, Azurit 55 % Kupfer. Beide Mineralien haben eine ähnliche chemische Zusammensetzung und entstehen gemeinsam durch Verwitterung aller Kupfererze. Sie bewirken ihre typische Oberflächenverfärbung. Der grüne *Malachit*, durch die Sattheit seiner Farbe und die auffallenden Zeichnungen in verschiedenen Farbtönen hervortretend, bildet starke nierige Überzüge und Schichten oder bildet Kristalle heraus. Die Kristalle des *Azurits* zeichnen sich durch die satte Blaufärbung aus. Seine körnigen, erdigen bis pulverigen Überzüge sind hellblau. Die reichhaltigsten Fundstätten dieser Mineralien sind im Ural, im Kongo-Zaire, Tsumeb in Südwestafrika (Namibien), Cooper Queen Mine bei Bisbee in Arizona (USA), Burraburra bei Adelaide in Australien, in Europa Chessy bei Lyon in Frankreich (Azurit), Baita und Moldova in Rumänien und das Siegerland (BRD). Malachit kann dann ein ergiebiges Kupfererz sein, wenn er in größerer Menge vorkommt. Der Azurit, der in der Natur meistens nicht so rein vorkommt wie der Malachit, wird deshalb als Kupfererz nur selten gefördert. Der Malachit ist ein bekannter Dekorationsstein, der Azurit wird zu diesem Zwecke nur selten verwendet, weil er zu weich ist. Zermahlen dient er als blauer Farbstoff. Man stellt daraus das Blauvitriol her.

Basische Kupferkarbonate: Malachit — $Cu_2(OH)_2CO_3$
Azurit — $Cu_3(OH)_2(CO_3)_2$
monoklin
Härte:
3,5—4
Dichte:
Malachit
3,90—4,03
Azurit
3,77—3,89
Strich:
Malachit grün
Azurit blau

1. Kristallisierter Azurit (Chessy, Frankreich)
2. Malachit (Ural, UdSSR)

1

2

Silber

Ähnlich wie Kupfer kommt auch das Silber in der Natur nicht nur in Verbindungen, sondern auch als gediegenes Metall vor. Das gediegene Silber entsteht meistens als Zersetzungsprodukt der schwefelhaltigen Silbererze, zum Beispiel des Galenits und Argentits, in den höher gelegenen Abbauzonen der Lagerstätten. Es bildet schwarze, seltener helle silberweiße Drähte. Die ältesten Silbergruben in Europa waren in Hispanien (dem heutigen Spanien), wo es die Phönizier, Karthagener und Mauren förderten. Bekannt war der Abbau in Sachsen (Freiberg) und in Böhmen, wo bereits seit dem 7. Jahrhundert gefördert wird. Die größte Blütezeit seines Abbaues war Ende des 13. und Anfang des 14. Jahrhunderts, wo zum Mittelpunkt der Gewinnung Kutná Hora wurde. Eine weitere bekannte Fundstätte in Europa ist Kongsberg in Norwegen, von den außereuropäischen Vorkommen die mexikanischen und nordamerikanischen Fundstätten (Lake Superior).

Silber – Ag
regulär
Härte:
2,5
Dichte:
10–12
(natürliches Silber)
10,5 chemisch reines Silber
Strich:
weiß

Die Verwendung des Silbers erfolgte bereits im Altertum. Schon in den Grabstätten der Chaldäer Könige aus dem 4. Jahrtausend v. Chr. fanden die Archäologen Silberschmuck. Reinsilber läßt sich wegen seiner Weichheit nur schwer verwenden. Deshalb werden Legierungen des Silbers mit anderen Metallen hergestellt. Die Legierungen verwendet man besonders beim Prägen von Münzen und in der Schmuckherstellung, die Silberverbindungen in der Medizin und auch in der Fotografie.

Silberdrähte (Kongsberg, Norwegen)

Argentit, Silberglanz

Argentit enthält mehr als 87 % Silber und bildet derbe Gangfüllungen und drahtige Formen, die Pseudomorphosen nach dem gediegenen Silber darstellen. Seltener ist Argentit kristallisiert, wobei die Kristalle unvollkommen, ungleichmäßig gewachsen und gerundet sind. An frischen Flächen besitzt er eine hellgraue Farbe, die mit ihrem ausgeprägten Metallglanz an Galenit erinnert. Argentit büßt seinen Glanz schnell ein und dunkelt nach und läßt sich schon mit einem Messer stechen und schneiden. Daran kann man Argentit und Galenit unterscheiden. Argentit kommt auf den Erzgängen gemeinsam mit anderen Silber enthaltenden Erzen, besonders mit dem silberhaltigen Galenit, vor. Die wichtigsten Fundstätten sind Freiberg und Schneeberg in Sachsen, Jáchymov und Banská Štiavnica in der Tschechoslowakei und von den außereuropäischen Fundorten der Silbererzgang von Comstock in Nevada (USA).

Der Argentit ist nach dem gediegenen Silber das reichhaltigste Silbererz.

Silbersulfid – Ag_2S
rhombisch – pseudokubisch
Härte: 2
Dichte: 7,3
Strich: grau bis schwarz

Kristallgruppe des Argentits (Banská Štiavnica, Slowakei)

Cinnabarit, Zinnober

Cinnabarit enthält 86 % Quecksilber und bildet feinkörnige bis kompakte, stückige oder erdige Aggregate und Überzüge von purpurroter Farbe, seltener auch Kristalle. Am häufigsten findet man Cinnabarit auf selbständigen Erzgängen, vor allem im Bereich der Oberflächenverwitterung im sogenannten eisernen Hut. Die alten Griechen förderten Zinnober bereits im 7. Jahrhundert v. Chr. in Südspanien, besonders in der Umgebung von Almaden. Diese Fundstätte enthält heute die größten Quecksilbervorkommen der Welt. Weitere bekannte Fundorte sind Monte Amiata in Toskana (Italien), Idria in Slowenien und Avala bei Belgrad (Jugoslawien). Von den außereuropäischen Vorkommen liegen die reichsten Fundstätten in den USA, hauptsächlich in den Staaten Texas, Oregon und Kalifornien, in Mexiko, in China (Provinzen Hunan und Setschuan) und in der UdSSR im Kaukasus und außerdem in Mittelasien (Chaiderkan, Tschauwai).

Zinnober ist das wichtigste Quecksilbererz, ursprünglich verwendet zur Silber- und Goldgewinnung aus den Erzen und bei der Herstellung von Spiegelbelägen. Es ist interessant, daß der Quecksilberverbrauch in den letzten Jahrzehnten nicht anstieg, weil an dessen Stelle billigere Stoffe verwendet wurden. Cinnabarit wird hauptsächlich in der Medizin, bei der Herstellung von Munition und bei der Verarbeitung von Edelmetallen verwendet. Quecksilber wird auch zur Herstellung von Farbstoffen angewendet.

Quecksilber (II)-sulfid – HgS
rhomboedrisch (trigonal)
Härte: 2,5
Dichte: 8,1
Strich: rot

1. Kristalle des Cinnabarits (Avala bei Belgrad, Jugoslawien)
2. Derber Cinnabarit (Idria, Slowenien)
3. Kristall des Cinnabarits

1

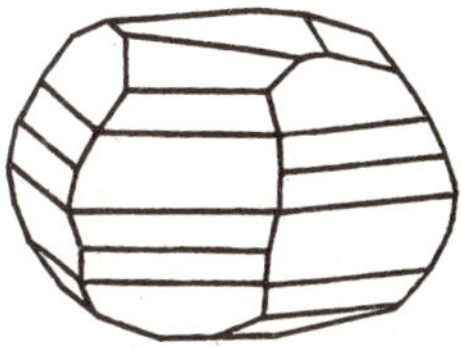

3

2

Gold

Gold — Au
regulär
Härte:
2,5 bis 3
Dichte:
19,28
(gediegen)
Strich:
gelb

Das Gold oxydiert nicht und verändert sich auch nicht unter sonst üblichen Bedingungen, so daß es in der Natur fast immer gediegen vorkommt und nur sehr selten in Verbindungen. Meistens ist es an Quarzgänge gebunden und nach ihrem Fortschwemmen durch Wasser konzentriert es sich in den Aufschwemmungen. Oft ist es in den Gesteinen so fein verteilt, daß es mit dem bloßen Auge gar nicht zu erkennen ist. Nur selten bildet es größere, metallisch gelbe, weiche Plättchen, Körner, Drähte und Klumpen (Nuggets). Bis zu 50 % der Weltförderung lieferten bis vor kurzem alte Aufschwemmungen im südafrikanischen Witwatersrand und Odendaalsrus in Transvaal. Ähnliche Lagerstätten, jedoch kleiner und geringhaltiger, gibt es in den USA, wo sich auch die Lagerstätten in Quarzgängen befinden, die an die Granit-Tiefengesteine gebunden sind (zum Beispiel das Gangsystem genannt Mother Lode in Kalifornien). Ähnliche Lagerstätten liegen in der UdSSR und in Frankreich.

Kein anderes Metall hat in der Geschichte der Menschheit eine größere Rolle gespielt als das Gold. Von jeher war Gold mit der Vorstellung von Reichtum und Macht verbunden. Gold ist ein seltenes und zur Herstellung von Schmuck besonderes Metall. Es findet auch in der Medizin, im Münzwesen und in der Glasindustrie Anwendung. In der Technik (für Kontakte und Füllhalter) und in der Zahnmedizin wird es für Legierungen mit verschiedenen Metallen verwendet.

Goldbleche zwischen den Quarzkristallen (Rosia Montana, Rumänien)

Antimonit, Antimonglanz

Antimonit enthält bis zu 71 % Antimon und kommt auf Erzgängen zusammen mit anderen Erzen oder auf selbständigen, oft goldführenden Gängen vor. Antimonit bildet langgezogene Kristalle, die bis in haarartige Gebilde übergehen. Manchmal kommt er auch derb vor. Die Farbe ist metallisch grau mit einem erkennbaren bläulichen Farbton. Bekannt sind seine auffallend schönen Kristalle, die früher auf der Insel Schikoku in Japan vorkamen und seit langem für Verzierungen verwendet werden. Die reichhaltigsten Fundstätten in Europa liegen in der Tschechoslowakei (Bohutín bei Příbram, Milešov, Kleine Karpaten), in Italien (Sardinien und Toskana) und in Jugoslawien (Umgebung von Fojnica, Krupanja und Kostajnik). Die Hauptfundorte liegen in der Südafrikanischen Republik, in Bolivien (Provinzen Chayanta, Palca und Tupica), in China (Provinzen Chu-nan und Jün-nan) und auch in Mexiko.

Der römische Naturforscher Plinius beschreibt Antimonit als kosmetisches Mittel der damaligen Zeit. Der silbergraue Antimonit wurde gemahlen, und mit dem Antimonitpulver färbte man die Augenlider. Heute ist Antimonit das wichtigste Antimonerz, von dem fast drei Viertel der Förderung für die Herstellung verschiedener Legierungen verwendet werden, die in der Praxis eine vielseitige Anwendung finden. Das wichtigste ist das Letternmetall, das in den Druckereien verwendet wird (Antimon mit Blei).

Antimonsulfid
— Sb S
rhombisch
Härte:
2 bis 2,5
Dichte:
4,63
Strich:
grau

1. Kristallanhäufung des Antimonits (Schikoku, Japan)
2. Stengeliger Antimonit (Bohutín, Böhmen)

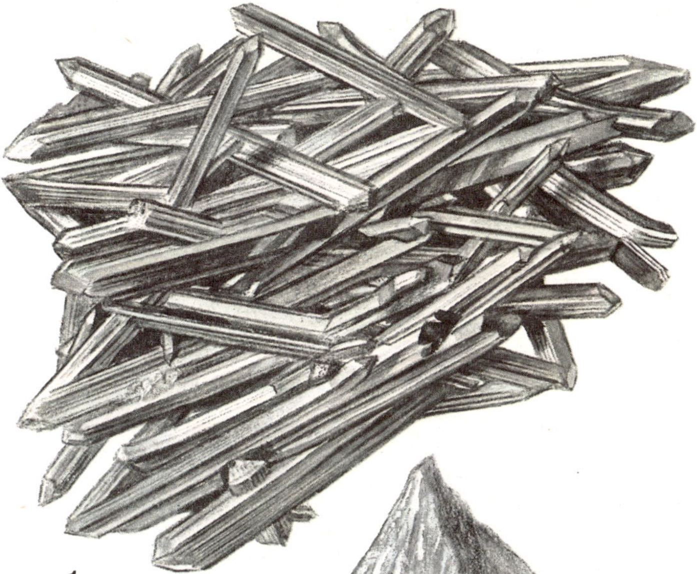

1

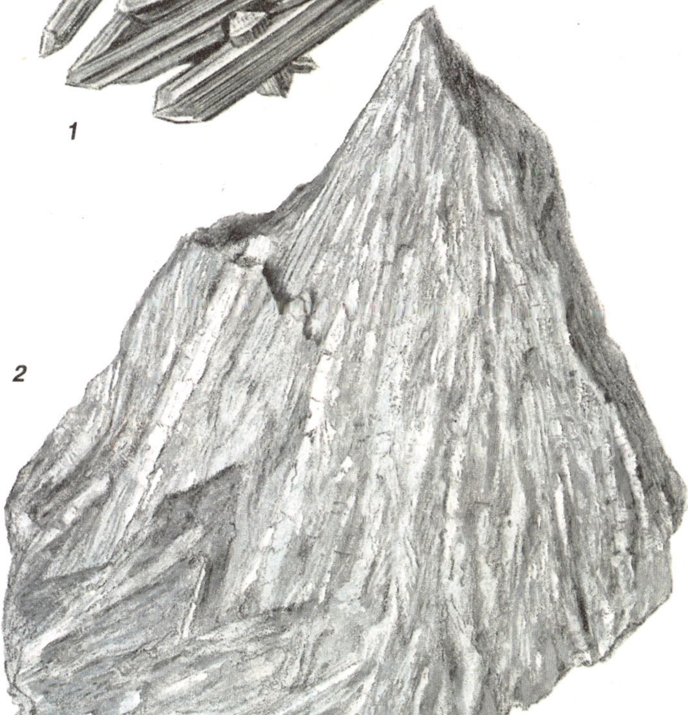

2

Arsenopyrit, Arsenkies

Arsenopyrit enthält 46 % Arsen. Er ist ein typisches Gangmineral, das entweder mit anderen schwefelhaltigen Erzen (Komplexerzgänge) oder selbständig vorkommt. Im Aussehen ist er dem Pyrit ziemlich ähnlich, weil er gelblich anläuft. In frischem Zustand unterscheidet sich Arsenopyrit jedoch von Pyrit durch die zinnweiße oder stahlgraue Farbe. Man erkennt ihn auch daran, daß man bei seiner Zertrümmerung einen für das Arsen typischen Knoblauchgeruch wahrnimmt. Er ist gewöhnlich derb und auch kristallisiert in kleinen Säulen oder er bildet stengelige Aggregate. Die größten Lagerstätten des Arsenopyrits liegen im Departement Aude in Frankreich. Ein anderer bekannter Fundort ist Freiberg in Sachsen. Aus den Komplexerzgängen wird der Arsenopyrit in Mexiko, in den USA und in Australien gefördert. Kleinere Lagerstätten befinden sich auch in den Serpentinen bei Zloty Stok in Schlesien und in der Tschechoslowakei (Komplexerzgänge im Riesengebirge). Obwohl Arsenopyrit einen hohen Prozentsatz Arsen enthält, werden heute 90 % dieses Elementes als Nebenprodukt bei der Verarbeitung verschiedener anderer Erze gewonnen.

Das Element Arsen und seine Verbindungen waren bereits im Altertum als Giftstoff bekannt. Zur Zeit ist seine Verwendung in der Praxis beträchtlich, vor allem bei der Herstellung von Medikamenten, Farben und Präparaten für die Schädlingsbekämpfung, vor allem in der Landwirtschaft.

Arsen- und Eisensulfid — FeAsS
monoklin — pseudorhombisch
Härte: 5,5
Dichte: 6,07 bis 6,15
Strich: schwarz

Kristallisierter Arsenopyrit (Freiberg, Sachsen)

Uraninit, Uranin, Uranpecherz, Nasturan

Im Jahre 1896 stellte der französische Physiker Henri Becquerel fest, daß Uranin eine besondere Strahlung aussendet, die er als Radioaktivität bezeichnete. Kurz darauf entdeckte Marie Curie-Sklodowska im Uranin die Elemente Radium und Polonium, die intensiver als Uran strahlen. Uranin enthält annähernd 80 bis 90 % Uran und Spuren von Radium und Polonium. Den Namen Uranpecherz erhielt das Mineral wegen seiner Ähnlichkeit mit dem schwarzen Pech. Am häufigsten bildet es derbe Gangfüllungen, seltener nierige Aggregate. Wird Uranin mit der Anschlifffläche auf eine fotografische Platte gelegt, erfolgt eine Bestrahlung der Platte. Uranin kommt auf Erzgängen, in den Pegmatiten und Graniten sowie in der Kohle vor. Zu den Forschungsarbeiten von Henri Becquerel und Marie Curie-Sklodowska diente das Uranpecherz aus Jáchymov. Die größten Lagerstätten des Uranins liegen in Kanada nördlich des Huronsees und im Kongo-Zaire (Katanga, Chingolobwe). Uranin ist heute als wichtigstes Uranerz und als Rohstoff für andere radioaktive Elemente von Bedeutung, besonders zur Freisetzung der Kernenergie für friedliche und militärische Zwecke. Dadurch wurde Uranin zu einem vorrangigen strategischen Rohstoff. Das in der Medizin verwendete Radium ist im Uranin in einer so geringen Beimengung vorhanden, daß aus einem Güterwagen Uranin nur knapp ein Gramm Radium hergestellt werden kann.

Uran (IV)-oxyd mit Beimengung von Thorium — $(U, Th)O_2$
regulär
Härte: 5–6
Dichte: 8–10
Strich: rotbraun

1. Unvollkommener Kristall des Uranins (Chingolobwe, Kongo)
2. Nierenförmiger Uranin (Jáchymov, Böhmen)

1

2

Bauxit

Der Aluminiumgehalt in den Bauxiten ist veränderlich, am häufigsten schwankt er zwischen 25 und 30 %. Bauxit ist gewöhnlich kompakt bis erdig und wird durch kugelige Gebilde (Pisoliten) gestaltet. Bauxit hat eine weißgraue, gelbliche, braune bis dunkelrotbraune Farbe. Entstanden ist er durch Zersetzung der Feldspäte enthaltenden Gesteine und durch Verwitterung unter tropischen klimatischen Bedingungen. Den Namen erhielt er nach seinem ursprünglichen Fundort, der Stadt Les Baux bei Arles in Südfrankreich. Große Bauxitvorkommen liegen auch in Jugoslawien und Ungarn. Die größten Lagerstätten befinden sich auf Jamaika und in Niederländisch- und Britisch-Guayana.

Sedimentärgestein, dessen Hauptbestandteil die wasserhaltigen Aluminiumoxyde sind
Strich: weiß

Bauxit ist der wichtigste Rohstoff des Aluminiums, das mit vollem Recht als Metall des 20. Jahrhunderts bezeichnet wird. Aluminium ist eines der letzten Metalle, das zu gewinnen dem Menschen gelang. Eine geringfügige Menge dieses Metalls konnte man zwar schon vor 45 Jahren herstellen, damals vermutete jedoch niemand, daß diese Entdeckung eine bedeutende Rolle spielen würde, besonders deshalb, weil seine Herstellung mit Schwierigkeiten verbunden war. Erst später gelang es, Aluminium mit Hilfe der Elektrolyse aus einigen seiner Verbindungen zu gewinnen und die Großproduktion aufzunehmen. Aluminium wird hauptsächlich in der Flugzeug-, Automobil- und Schiffbauindustrie, aber auch für die Brennstoffelemente der Kernreaktoren in der Praxis verwendet.

Bauxit (Les Baux, Frankreich)

Schwefel

Mineralien, die Schwefel enthalten, gibt es in der Natur sehr zahlreich. Stellenweise kommt Schwefel auch als Element vor. Es ist eines der Elemente, die der Mensch zuerst kannte. Schwefel wurde eine übernatürliche Kraft beigemessen, weil man wußte, daß er in Vulkanen entsteht und brennt. Außer den Lagerstätten vulkanischen Ursprungs sind auch die durch Ablagerungen aus dem Wasser und durch Einwirkung der Organismen entstandenen Lagerstätten bekannt. Fast überall entsteht Schwefel außerdem durch Sublimation bei Bränden von Kohlenhalden. Schwefel bildet hellgelbe oder auch honigfarbene, gelbbraune Kristalle, derbe Massen und Überzüge. Im Altertum kannten die Römer Schwefel hauptsächlich aus den Fundstätten im Süden Siziliens, die auch heute noch einen beträchtlichen Abbau ermöglichen. Große Lagerstätten des Schwefels liegen auch in der Umgebung von Tarnobrzeg in Polen. An den gesamten Schwefelvorkommen der Erde, die auf 1/4 Milliarden Tonnen geschätzt werden, sind mit 75 % die USA (Louisiana und Texas mit der Lagerstätte Boling) beteiligt. Die Lagerstätten des reinen Schwefels sind deshalb von besonderer Wichtigkeit, weil in ihnen die Gewinnung nur aus der Reinigung besteht.

Schwefel ist zur treibenden Kraft der gesamten chemischen Industrie geworden. In der Praxis sind nur wenige chemische Produktionsprozesse bekannt, die ohne Schwefel möglich wären.

Schwefel – S
rhombisch
Härte:
2
Dichte:
2
Strich:
farblos bis gelb

Kristalle des Schwefels (Südsizilien)

Pyrit, Eisenkies; Markasit

Beide Mineralien zeigen die gleiche chemische Zusammensetzung, sie unterscheiden sich jedoch durch den inneren Aufbau und die Kristallform. Sie enthalten annähernd 54 % Schwefel und 46 % Eisen. *Pyrit* bildet goldgelbe Körner und Kristalle. Typische Formen sind die gestreiften Würfel, das Oktaeder und das Pentagondodekaeder. Die Kristalle des *Markasits* sind am häufigsten klein und flachsäulig, oft verwachsen sie gesetzmäßig. Sie sind meistens heller als der Pyrit. Beide kommen gemeinsam in der Kohle vor. Die größten Vorkommen beider Mineralien enthalten die nicht umgewandelten und die umgewandelten Sedimentgesteine, in denen sie meistens durch Zersetzung der pflanzlichen und tierischen Überreste entstanden sind. Die vollkommensten Kristalle stammen aus Erzgängen. Die Hauptproduzenten des Pyrits sind Spanien (Rio Tinto) und Japan; die bekanntesten Kristalle stammen von der Insel Elba. Der in der Natur weitaus seltener verbreitete Markasit ist hauptsächlich aus Folkestone in Südengland und aus Freiberg (Sachsen) bekannt.

Pyrit ist ein sehr wichtiger technischer Rohstoff, der vor allem zur Herstellung von Schwefelsäure, Sulfaten, Schwefel, Farbstoffen und Poliermitteln verwendet wird. Am häufigsten wird er anhand des Röstverfahrens verarbeitet. Die Rückstände können bei hüttenmännischen Verfahren oder als Eisenerz minderer Qualität verwendet werden. Manche Pyrite enthalten Gold und Kupfer.

Eisenbisulfide – FeS_2
Pyrit regulär
Markasit rhombisch
Härte:
Pyrit 6 bis 6,5
Markasit 5 bis 6
Dichte:
Pyrit 4,9 bis 5,2
Markasit 4,6 bis 4,9
Strich:
Pyrit schwarzbraun
Markasit graugrün

1. Kristall des Pyrits (Insel Elba, Italien)
2. Kristallisierter Markasit (Gebiet von Most, Böhmen)
3. Kristall des Pyrits – Deltoiddodekaeder
4. Kristall des Pyrits – gestreifter Würfel

1

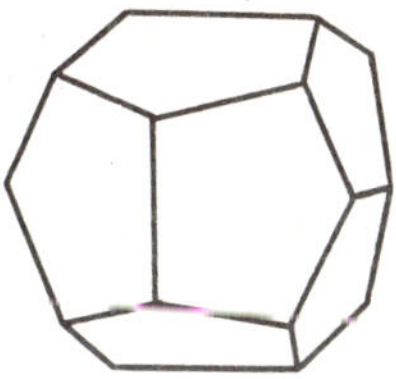

3

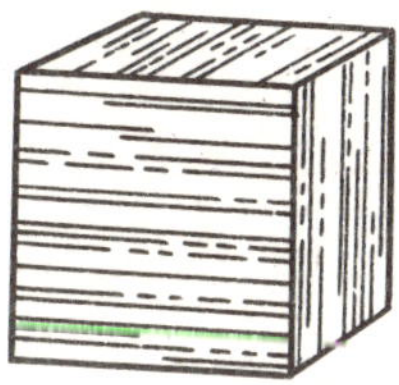

4

2

Baryt, Schwerspat

Bariumsulfat – $BaSO_4$
rhombisch
Härte:
2,5 bis 3,5
Dichte:
4,3 bis 4,6
Strich:
farblos bis weiß

Baryt war schon in den Anfängen des Bergbaus bekannt, weil er häufig in den Hohlräumen der Erzgänge vorkommt, wo er die Schwefelerze, vor allem Blei, Zink und Silber begleitet. Baryt entstand durch Abscheidung aus den Lösungen, die aus dem Erdinnern, hauptsächlich bei höheren Temperaturen, austreten. Oft bildet er auch selbständige Erzgänge, oder er tritt auf sedimentären Lagerstätten auf. Schwerspat fällt durch sein ungewöhnliches Gewicht (Schwere; daher die deutsche Bezeichnung Schwerspat) und durch seine vollkommenen Kristalle auf. Diese haben meistens die Gestalt dicker rhombischer Tafeln oder Säulen und erreichen oft auch beträchtliche Ausmaße. Der derbe Baryt bildet verschiedene Aggregate. Seine Farbe ist hell. Die Hauptproduzenten des Baryts sind die USA, Deutschland (Lagerstätte Meggen) und England.

Lange Zeit wurde Baryt als wertloser tauber Stein angesehen, obwohl er bereits im Mittelalter die Alchimisten beschäftigte. Der italienische Alchimist Vincenzo Cascatiolo in Bologna erhitzte bei seinen Versuchen auch den Baryt und stellte fest, daß er nach Erwärmung im Dunkeln strahlt. Auf diese Weise wurde die Lumineszenz entdeckt. Die chemische Industrie verwendet zur Zeit Baryt vor allem bei der Herstellung von Farbstoffen. Gemahlen wird er als Papierfüllstoff und für andere Massen verwendet. In der Keramik dient Baryt zur Herstellung von Glasuren und Emaillen.

Barytkristalle (Cumberland, England)

Steinsalz, Halit

Natriumchlorid — NaCl
regulär
Härte:
2 bis 2,5
Dichte:
2,1 bis 2,3
Strich:
farblos bis weiß

Die Hauptvorräte des Salzes liegen im Meerwasser. In allen Meeren sind etwa 20 Millionen km³ Salz gelöst. Salzlagerstätten befinden sich jedoch auch im Binnenland. Sie bildeten sich in den vergangenen geologischen Zeitabschnitten durch Verdampfung des Salzwassers im trockenen und heißen Klima in den verschwindenden Meeresbuchten heraus. Das Salz bildet meistens derbe und körnige Massen, auf den Klüften oft reguläre, am häufigsten farblose, seltener verschiedene, vor allem bläulich verfärbte Kristalle aus. Sie sind vollkommen spaltbar, so daß sie schon durch einen bloßen Schlag mit dem Hammer in zahlreiche kleine Würfel zerfallen. Die Hauptproduzenten des Salzes sind die USA, Großbritannien und die BRD. Die bekanntesten Lagerstätten liegen in Österreich im Salzkammergut und in Polen in der Umgebung von Wieliczka und Bochnia.

Das Salz ist für das Leben des Menschen unentbehrlich. Jeder Mensch verbraucht davon im Jahr durchschnittlich sieben Kilogramm. Deshalb war es bereits im Altertum ein begehrtes Handelsobjekt. Riesige Salzmengen verarbeitet heute auch die chemische Industrie, für die es ein wichtiger Rohstoff ist, vor allem zur Herstellung von Natriumverbindungen, Chlor und Chlorverbindungen. Die großen, wasserhellen Kristalle werden in der Optik für Geräte verwendet, die mit Infrarotstrahlen arbeiten.

1. Kristalle des Steinsalzes (Wieliczka, Polen)
2. Faseriges Steinsalz (Salzkammergut, Österreich)
3. Kristall des Steinsalzes (Wieliczka, Polen)

1

3

2

Apatit:
Fluorapatit, Chlorapatit und Hydroxylapatit

Die Bezeichnung Apatit stammt aus dem griechischen apatao – Täuschung. Das Mineral erhielt sie von den Mineralogen deshalb, weil sie sich durch seine Ähnlichkeit mit zahlreichen anderen Mineralien täuschen ließen. Seine Kristalle weisen tatsächlich die verschiedensten Formen auf, angefangen mit dicken Tafeln über Säulen bis zu langgestreckten Nadeln. Apatit ist gewöhnlich auch derb, körnig und kompakt. Die Farbe ist ebenfalls sehr unterschiedlich; er kommt wasserhell, weiß, grün und bläulich in verschiedenen Farbtönen, violett und braun vor. Apatit findet sich fast in allen Gesteinen, besonders in den Pegmatiten und in den Zinnsteinlagerstätten, aber fast immer nur in geringen Mengen. Es sind auch Sedimentgesteine bekannt, deren wesentlicher Bestandteil gerade der Apatit ist und die oft ganze Schichtengruppen bilden. Diese Gesteine werden im allgemeinen als Phosphate bezeichnet. Die größten Lagerstätten befinden sich in den USA (Florida, Tennessee). Sie produzieren fast die Hälfte der Weltförderung von Phosphaten. Andere wichtige Lagerstätten liegen in Nordafrika (Tunesien, Marokko, Algerien, Ägypten), in der UdSSR (Kasachstan, Ukraine und Halbinsel Kola) und in Frankreich. Die bekanntesten kristallisierten Apatite stammen vom St. Gotthardt (Schweiz) und aus Quebec (Kanada). Die Phosphate werden als Rohstoffe für die Herstellung von Phosphorsäuredüngemitteln verwendet.

Kalzium-phosphat
mit Fluor
(Fluorapatit)
mit Chlor
(Chlorapatit)
mit Hydroxyl
(Hydroxylapatit)
$Ca_5(F, Cl, OH) (PO_4$
hexagonal
Härte:
5
Dichte:
3,17 bis 3,23
Strich:
weiß bis braun

1. Kristalle des Apatits (Horní Slavkov, Böhmen)
2. Phosphorit (Podolien, Ukraine)

1

2

Fluorit, Flußspat

Fluorit ist die häufigste natürliche Verbindung und der Rohstoff für das Gas Fluor, das von ihm den Namen erhielt. Man findet Fluorit in den Pegmatiten und analogen Gesteinen und auf Erzgängen. Fluorit ist eines der wenigen Mineralien, die relativ häufig in kristallisierten Musterstücken und mit auffallender Verfärbung vorkommen. Seine regulären Kristalle sind meistens dunkelviolett, gelb oder grün, seltener rot, rosa oder wasserhell. Die Bergleute des Erzgebirges, die ihn bei der Förderung des Zinksteines fanden, bezeichneten Fluorit als „Erzblüte". Die größten Lagerstätten befinden sich in den USA, in Europa in Sachsen (Freiberg), in England (Weardall bei Durham und Derbyshire), in Frankreich und in der UdSSR (z. B. im Gebiet des Baikalsees).

Fluorit ist ein wichtiger Rohstoff, der als Beimengung das Erschmelzen der Erze erleichtert. Aus dem farblosen Fluorit werden optische Linsen geschliffen, die Ultraviolettstrahlen hindurchlassen. Einige Verbindungen des Fluors sind wie er selbst auch Giftstoffe. Sie weisen Desinfektionseigenschaften auf. Mit Hilfe bestimmter Fluorverbindungen kann eine Temperatur bis auf minus 100 Grad Celsius erreicht werden, und deshalb finden sie in der Konservenindustrie Verwendung. Aus ihnen werden auch plastische Kunststoffe hergestellt. Fluor wird bei der Trennung des Urans und seiner Isotope und in der Raketentechnik zusammen mit anderen Leichtelementen als Brennstoff verwendet.

Kalziumfluorid — CaF_2
regulär
Härte:
4
Dichte:
3,0 bis 3,25
Strich:
weiß

1. Fluorit (Annaberg, Sachsen)
2. Fluorit (Derbyshire, England)
3. Verwachsung zweier Würfel des Fluorits

1

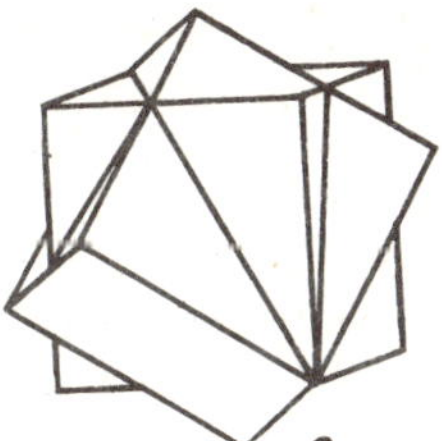

3

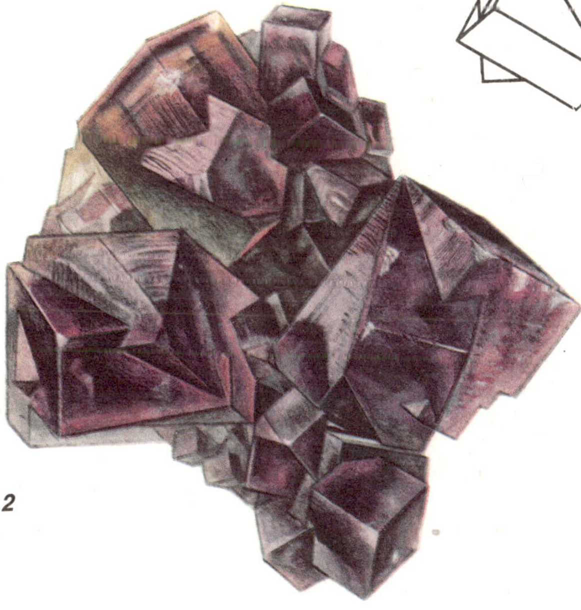

2

Graphit

Kohlenstoff – C
hexagonal
Härte:
1
Dichte:
2,2
Strich:
schwarz

Graphit ist eine der Modifikationen des Kohlenstoffes, ebenso wie der Diamant. Die sehr großen Unterschiede in den Eigenschaften dieser beiden Mineralien werden durch die unterschiedliche Verteilung der Atome in ihrer Masse hervorgerufen. Die Kohlenstoffatome im Diamanten sind in höchstem Maße im Raum zusammengedrängt, dagegen sind die gleichen Atome im Graphit nur in den gleichlaufenden Ebenen zusammengedrängter. Dadurch sind die unterschiedlichen physikalischen Eigenschaften beider Mineralien bedingt. Der Diamant weist die größte bekannte Härte auf, der Graphit ist so weich, daß er mit den Fingern zerrieben werden kann. Der Diamant ist sehr selten, dem Graphit begegnet man jedoch tagtäglich. Der Graphit ist in der Natur meistens schuppig bis kompakt, schwarz bis schwarzgrau. Er entsteht durch Zerlegung des Kohlendioxyds bei der Vulkantätigkeit oder durch Umwandlung der Steinkohle. Er kommt in metamorphen Gesteinen, weniger in Magmagesteinen vor. Bekannte Graphitlagerstätten liegen in der Umgebung des Böhmerwaldes in der ČSSR, in der BRD und auf Ceylon.

Der Graphit wurde früher vor allem zur Herstellung von Bleistiften verwendet. Heute liegt sein Anwendungsbereich bei der Herstellung feuerfester Tiegel für das Erschmelzen von Stahl, in der Elektrotechnik, in der Herstellung von Schmiermitteln und in der Kerntechnik, vor allem in den Kernreaktoren, weil er die Neutronen verlangsamt und sie nur sehr wenig absorbiert.

Graphit (Ceylon)

Serpentin

Das Serpentin erhielt seinen Namen aus dem lateinischen serpens — Schlange deshalb, weil man glaubte, daß er wie eine Arznei gegen den Schlangenbiß wirkt Er kommt am häufigsten in Form des Chrysotils (aus dem griechischen chrysos — golden und tilos — Faser) oder des Serpentinasbestes vor, d. h. in Form des feinfaserigen Serpentins, der kleine Gänge im Serpentingestein *(Serpentinit)* bildet. Der Serpentinit wird durch die mikroskopischen Fasern des Chrysotils und die Mineralreste aus den Eruptivgesteinen, durch deren Zersetzung unter Wasseraufnahme er entstand, gebildet. Er ist undurchsichtig, grün in den verschiedensten Farbtönen, auch von gelb bis schwarz. Die Asbeste waren bereits im Altertum bekannt; sie wurden auf der Insel Zypern gefördert. Die größte europäische Lagerstätte ist Balangero bei Turin, die reichhaltigsten Fundstätten liegen in Kanada. In Mitteleuropa gibt es die bedeutenden Lagerstätten des Serpentinits in Zöblitz in Sachsen.

Der Chrysotil ist wegen der Qualität seiner Fasern unter den Asbesten, d. h. den feinfaserigen Abarten einiger Silikate, die zur Herstellung hitzebeständiger Kleidung und Gegenstände verwendet werden, von größter Bedeutung. Bis zum 19. Jahrhundert wurde den Asbesten keine große Bedeutung beigemessen. Erst in unserer Zeit wurde Asbest für die Praxis sehr wichtig, denn man stellt daraus außer den Geweben auch Dacheindeckungen, Pappen, elektrotechnische Isolationen und verschiedene Anstriche her.

Basisches Magnesiumsilikat — $Mg_3(OH)_4Si_2O_5$ monoklin — pseudorhombisch
Härte: 3—4
Dichte: 2,5—2,7
Strich: weiß

1. Derber Serpentin (Sachsen)
2. Chrysoti (Kanada)

1

2

Glimmer:
Muskovit, Biotit, Fuchsit, Zinnwaldit, Lepidolith und Phlogopit

Die Glimmer stellen eine Gruppe von Mineralien dar, die in einzelne dünne, vollkommen elastische Blättchen spaltbar sind. Nach ihrer Färbung werden sie in helle und dunkle Glimmer unterteilt. Der häufigste helle Glimmer ist der *Muskovit*, der meistens in Form durchsichtiger Tafeln vorkommt. Dieser Glimmer bildet aber auch feine Schuppen oder absolut kompakte Gebilde. Die Kristalle des Muskovits sind selten. Der feinschuppige Muskovit ist meistens weiß, der dem Perlmutter ähnelnde ist glänzend. Der kompakte Muskovit ist grünlich, der schuppige wasserhell. Der feinschuppige, smaragdgrüne Muskovit mit einer Beimengung von Chrom wird *Fuchsit* genannt. Der helle Glimmer mit einem Lithium- und Eisengehalt wurde nach seiner Fundstätte an der Grenze zwischen Böhmen und Sachsen *Zinnwaldit* genannt. Er ist meistens blättrig bis tafelig, hat eine dunkle silbergraue Farbe mit einem Stich ins Bronzefarbene oder Grüne. Der *Lepidolith* enthält auch Lithium. Sein erster bekannter Fundort Rožná liegt in Mähren. Den Übergang zwischen den hellen und dunklen Glimmern bildet der hellrotbraune, Fluor enthaltende *Phlogopit*. Von den dunklen Glimmern, deren Färbung das Eisen bewirkt, ist der *Biotit* am häufigsten. Er bildet schwarze, braune und dunkelgrüne unvollkommene Kristalle. Die Glimmer sind sehr verbreitet. Sie kommen als wesentlicher Bestandteil zahlreicher Gesteine, zum Beispiel der Pegmatite (Muskovit), vor. Deshalb sind sie häufig an den Fundorten der Feldspäte anzutreffen.

Komplizierte basische kaliumhaltige Alumosilikate mit Fluor und weiteren Elementen:
Muskovit
$KAl_2(OH, F)_2AlSi_3O_{10}$
Zinnwaldit
$KLiFeAl(F, OH)_2AlSi_3$
Lepidolith, Biotit
$K(Mg, Fe, Mn)_3(OH, F$
$AlSi_3O_{10}$,
Phlogopit
$KMg_3(F, OH)_2AlSi_3O$

Muskovitplatte (Indien)

Dunkle Glimmer sind nicht sehr widerstandsfähig, im Unterschied zum Muskovit zersetzen sie sich leicht. Am häufigsten verwandeln sie sich in grünliche *Chlorite* (den Glimmern ähnliche Silikate) oder durch Eisenverlust in Muskovit. Manchmal entstehen auf diese Weise goldbraune, metallisch glänzende Schuppen, genannt *Rubellan.* Die größten Tafeln des hellen Glimmers liegen im Ural. Von dort wurden sie seit langem nach Westeuropa eingeführt. Deshalb nennt man sie „Moskauer Glas", und aus dieser Bezeichnung entstand auch die mineralogische Bezeichnung Muskovit. Die gesamte Förderung der Glimmer auf der Erde beträgt jährlich etwa 50 000 Tonnen. Davon fördern die USA etwa 50 % und Indien 23 %. Die nordamerikanischen Lagerstätten des Muskovits liegen vorwiegend in Nordkarolina. Mineralogisch interessant sind die Vorkommen des Muskovits am St. Gotthardt (Schweiz). Kristallisierter Biotit ist vor allem vom Vesuv und aus Templetone (Kanada) bekannt.

Die Spaltbarkeit und Durchsichtigkeit der Glimmer wurde bereits vor mehr als drei Jahrhunderten genutzt. Die Glimmertafeln benutzte man als Fensterglas. Heute sind die hellen Glimmer von großer Bedeutung, weil sie hitzebeständig sind und durch Säuren nicht angegriffen werden. Man verwendet sie als Isolierstoff in der Elektrotechnik, aber auch zu optischen Zwecken. Die dunklen Glimmer sind wegen ihrer geringen Widerstandsfähigkeit nicht so wichtig.

monoklin — pseudohexagonal
Härte: 2–3 (bei hellen Glimmern geringer, bei den dunklen höher)
Dichte: 2,7 bis 3,1
Strich: weiß bis grau

1. Unvollkommener Kristall des Biotits (Templeton, Kanada)
2. Kristalle des Zinnwaldits (Cinovec, Böhmen)

1

2

Feldspäte:
Orthoklas, Adular, Sanidin, Mikroklin, Amazonit, Albit, Oligoklas, Labradorit, Anorthit

Aus zahlreichen Mineralien entstehen bei ihrer Zersetzung Stoffe, die sehr wichtige Bestandteile der Pflanzennahrung sind. Dazu gehören besonders die Silikate, aus denen sich die meisten Mineralien zusammensetzen und die durch Verwitterung große Mengen solcher Nährstoffe freisetzen. Die Feldspäte sind unter ihnen die wichtigsten. Sie erhielten ihren Namen deshalb, weil sie den Ackerboden anreichern. Der häufigste und wichtigste unter ihnen ist der Kalifeldspat — *Orthoklas.* Von Bedeutung sind auch die Kalknatronfeldspäte oder *Plagioklase.* Sie bilden eine kontinuierliche isomorphe Reihe, deren Endglieder der Natronfeldspat *(Albit)* und der Kalkfeldspat *(Anorthit)* sind. Von den Übergangsgliedern ist der bekannteste der *Oligoklas* (mit überwiegender Natronkomponente) und der *Labradorit* (mit überwiegender Kalkkomponente). Weniger häufig ist der Kalifeldspat *Mikroklin,* der anders als der Orthoklas kristallisiert. Die Feldspäte sind in der Regel spaltbar, derb, körnig und auch körnig-schuppig, oder sie bilden tafelige und kurzsäulige Kristalle. Oft wachsen sie als Zwillingskristalle und bilden verschiedene Typen der Verwachsungen, die meistens nach ihren Hauptfundorten (Karlsbader, Mannebacher und Bavener Zwillingskristalle) bezeichnet werden. Den dünntafeligen kristallisierten Orthoklas mit einer Beimengung von Natrium nennt man *Sanidin.*

Natrium oder Kalium und Natrium enthaltende Alumosilikate: Orthoklas $KAlSi_3O_8$, Mikroklin $(K, Na)AlSi_3O_8$, Albit $NaAlSi_3O_8$, Oligoklas $(Na, Ca)AlSi_3O_8$, Labradorit $(Ca, Na)AlSi_3O_8$, Anorthit $CaAlSi_3O_8$

1. Kristall des Orthoklases — Karlsbader Zwillingskristalle (Umgebung von Karlovy Vary, Böhmen)
2. Kristall des Amazonits (Pikes Peak, Colorado, USA)
3. Karlsbader Zwillingskristall

1

3

2

Feldspäte

Die natriumhaltigen Feldspäte sind gewöhnlich weiß, gelblich oder blaßrosa. Der reinste Orthoklas wird *Adular* genannt. Er ist durchsichtig und zeigt oft ein feines Farbenspiel. Die Plagioklase sind gewöhnlich dunkler, oft mit intensivem Farbenspiel. Die grüne Abart des Mikroklins nennt man *Amazonit.*

Die Feldspäte sind die wichtigsten gesteinsbildenden Mineralien. Sie kommen als wesentlicher Bestandteil der Eruptivgesteine, zum Beispiel der Granite und Pegmatite vor (vor allem die Kalifeldspäte). Die Plagioklase treten besonders in basischeren Eruptivgesteinen (Diorite, Melaphyre, Porphyrite, Basalte und Tefrite) auf. Die Feldspäte sind außerdem wesentlicher Bestandteil kristalliner Schiefer und Ablagerungen (Arkosen). Die größte Förderung des Feldspats weisen die USA auf (mehr als 1/4 Millionen Tonnen Feldspatrohstoff im Jahr). Die Lagerstätten liegen hauptsächlich in den Staaten entlang der Atlantikküste (Süd- und Nordkarolina, Maine, Süddakota). Große Lagerstätten befinden sich ferner in Kanada, in Schweden, in Norwegen, in Frankreich und in der UdSSR. Mineralogisch bekannte Fundorte des Orthoklases liegen in der ČSSR (Karlovy Vary) und in Italien (Baveno).

Die Feldspäte sind als technischer Rohstoff von großer Bedeutung. Sie werden in der Glas- und der Keramikindustrie zur Herstellung von Porzellan, Glasuren und Emaillen verwendet. Einige Arten der Feldspäte werden zu Schmucksteinen geschliffen.

Orthoklas monoklin, Mikroklin und Plagioklase triklin
Härte: Orthoklas und Mikroklin 6
Plagioklase 6 bis 6,5
Dichte: Orthoklas 2,54 bis 2,56
Mikroklin 2,57
Plagioklase 2,62 bis 2,76
Strich: weiß bis grau

1. Kristalle des Adulars (St. Gotthard, Schweiz)
2. Labradorit (Halbinsel Labrador, Kanada)

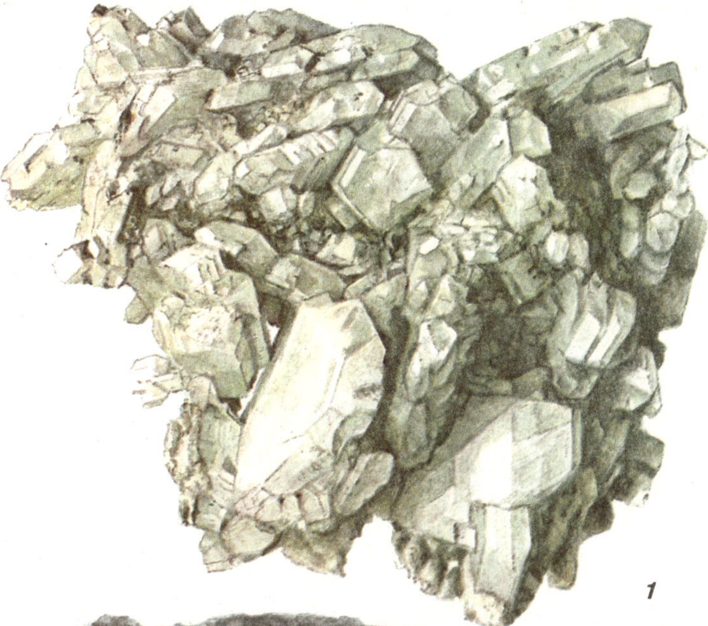

1

2

Kaolin

Kaolin ist eine weiße Erde, deren Hauptbestandteil das Mineral Kaolinit ist. Er ist in der Regel schuppig bis erdig und läßt sich zwischen den Fingern zerreiben. Außerdem enthält Kaolin auch weitere Alumosilikate, zum Beispiel den feinkristallinen *Nakrit* (aus dem persischen nacro — Teint) und den *Dickit*. Kaolin enthält außerdem oft eine Beimengung anderer Mineralien. Er entstand durch Zerlegung der an Aluminium reichen Silikate, hauptsächlich der Feldspäte in den Graniten und Arkosen; das sind feinkörnige, durch Quarz und Feldspat gebildete Sedimentgesteine. Kaolin kommt in großer Menge in der Provinz Kiang-Si in China vor. Die bedeutendsten europäischen Lagerstätten liegen in Böhmen in der Umgebung von Karlovy Vary (Karlsbad) und bei Horní Bříza im Gebiet von Plzeň, in England und in der BRD.

Sedimentgestein, dessen Hauptbestandteil die komplizierten basischen Alumosilikate sind

Strich: weiß bis grau

Der Name Kaolin ist chinesischen Ursprungs, weil die Chinesen schon im 6. Jahrhundert anfingen, ihn zu verarbeiten. Sie mahlten ihn, vermischten ihn mit Wasser, reinigten ihn durch Schlämmen und aus dem feinsten Schlamm trockneten und preßten sie das erste Porzellan. Dieser Herstellungsvorgang wurde lange geheimgehalten. Heute verwendet man für die Porzellanherstellung nur die besten Abarten des Kaolins. Die Abarten geringerer Qualität dienen zum Füllen des Papierstoffes und bei der Farbenherstellung, bzw. zur Erzeugung von Tonwaren und in der chemischen Industrie zur Herstellung des Ultramarins.

Kaolin (Umgebung von Karlovy Vary, Böhmen)

Calcit, Kalkspat

Kalkspat ist nach Quarz das am stärksten verbreitete Mineral auf der Erdoberfläche und gleichzeitig in bezug auf die Form eines der mannigfaltigsten Mineralien überhaupt. Angefangen mit den schönsten Kristallformen, die oft von einer großen Zahl vollkommen entwickelter Flächen begrenzt sind, bis zu den unbedeutenden mikroskopischen Körnern, die mächtige Schichtengruppen des Kalksteins mit unterschiedlichem geologischen Alter errichteten, kennt man in der Natur zahlreiche Übergänge. Der Calcit kristallisiert am häufigsten in vollkommen spaltbaren rhomboedrischen und skalenoedrischen Kristallen, die in der Regel zu ansehnlichen Drusen gruppiert sind. Er ist gewöhnlich in der Natur weiß oder durch Beimengungen verschieden gefärbt. Rein ist er aber wasserhell. Wennn man aus einem solchen wasserhellen Kristall ein Rhomboeder herausbricht und durch ihn Buchstaben auf einem Stück Papier betrachtet, sieht man sie doppelt. Diese interessante optische Erscheinung wird als Doppelbrechung bezeichnet; ihre Entdeckung wurde zum Ausgangspunkt bedeutender Forschungen in der Optik.

Kalziumkarbonat — $CaCO_3$
rhomboedrisch
Härte:
3
Dichte:
2,6 bis 2,8
Strich:
farblos

Neben dem kristallisierten Kalkspat kommen in der Natur weit häufiger die grobkörnigen, feinkörnigen bis kompakten, derben Abarten vor, die zusammenhängende Gesteine bilden und mächtige Schichtenfolgen ablagern und auch lange Gebirgszüge errichten. Diese Gesteine tragen die verschiedensten Bezeichnungen. *Travertine* sind zum Beispiel poröse Kalksteine, die aus Süßwasser durch Ein-

1. Travertin (Südslowakei)
2. Marmor (Carrara, Italien)

1

2

wirkung von Wasserpflanzen, besonders der Algen, deren Überreste sie oft enthalten, abgelagert wurden.
Mergel und *Tonschiefer* sind kompakte Kalksteine, die mit tonigen und sandigen Teilchen vermischt sind. Am bekanntesten von den Kalksteinen sind die *Marmore* (kristalline Kalksteine), die oft besonders schön gefärbt sind. Diese äußerlich voneinander unterschiedlichen Abarten desselben Minerals entstanden unter verschiedensten Bedingungen. Der kristallisierte *Calcit* bildet sich auf Erzgängen, in Hohlräumen der Kalkgesteine und in den Hohlräumen der verschiedensten Eruptivgesteine. Dort entsteht er meistens durch Ablagerung aus heißen Lösungen. Den kristallisierten Kalkstein kann man fast überall antreffen. Die meisten der Kalkgesteine entstanden und entstehen durch Ablagerung am Meeresgrund. Die Flüsse tragen in die Meere und Ozeane große Mengen kleiner Teilchen des Kalziumkarbonats aus den verwitterten Gesteinen der Erdoberfläche. Manche Lebewesen verwenden Kalziumkarbonat zur Bildung der Skelette und Körperhüllen.

Die bekanntesten Fundstätten des kristallisierten Calcits liegen bei Helgustadir in der Nähe von Eskifjord auf Island (doppeltbrechender Kalkstein) und bei Joplin Co. in den USA. Der sogenannte *Zweckenstein* wird von den Sammlern besonders gesucht. Er ist für Příbram in Böhmen charakteristisch. Der Zweckenstein wird von interessant angeordneten, gleichlaufenden Verwachsungen niedriger, rhomboedrischer Kristalle gebildet, die übereinander so aufliegen, daß der obere Kristal etwa wie ein Zweckenkopf aussieht.

Kalziumkarbonat – $CaCO_3$
rhomboedrisch
Härte:
3
Dichte:
2,6 bis 2,8
Strich:
farblos

1. Doppeltbrechender Kalkstein (Eskifjord, Island)
2. Rhomboedrische Kristalle des Calcits (Příbram, Böhmen)

1

2

Calcit, Kalkspat

Bekannte Fundstätten des Marmors liegen in Griechenland.

Der Marmor aus Paros und Pentelikon stellte das wichtigste Material für die Arbeiten der griechischen Bildhauer im Altertum dar. Ein berühmtes Land der Marmore ist auch Italien, wo bereits im 13. Jahrhundert mit der Großgewinnung an den Hängen der Apuanischen Alpen bei Carrara begonnen wurde. Die prachtvollen Kunstwerke aus Marmor aus den Zeiten des alten Griechenlands und Roms werden bis zum heutigen Tage bewundert. Später, im Mittelalter, wurde der Marmor vor allem zur Ausschmückung der Dome verwendet. Auch heute noch spielt Marmor in der Bildhauerei eine große Rolle. Von technischer Bedeutung sind nicht nur der Marmor, sondern auch andere Abarten des Kalksteins, deshalb ist er heute als einer der wichtigsten mineralischen Rohstoffe überhaupt anzusehen. Der größte Anwendungsbereich liegt im Bauwesen, das ohne gebrannten Kalk, Mörtel, Zement und Beton nicht mehr auskommt. Die am häufigsten benutzten Rohstoffe zur Zementherstellung sind die Mergel, bei denen der tonige Anteil annähernd $^1/_3$ beträgt, oder die kompakten Kalkspäte mit reichhaltigerer, feinverteilter toniger Beimengung. In der chemischen Industrie wird der Kalkspat hauptsächlich zur Herstellung von Soda, Kohlendioxyd, Karbiden, Zellulose, Chlorkalk, Gips und Düngemitteln verwendet. Von großer Bedeutung sind die Kalkspäte auch als Zuschlagstoff im Hüttenwesen beim Erschmelzen der Erze und in der Glasindustrie zur Schlackengewinnung. Wasserhelle Abarten des Kalkspates werden wegen seiner Doppelbrechung für optische Geräte verwendet.

Kalziumkarbonat – $CaCO_3$
rhomboedrisch
Härte:
3
Dichte:
2,6 bis 2,8
Strich:
farblos

1. Skalenoedrischer Kristall des Calcits (Joplin, USA)
2. Kristalle des Calcits (Cumberland, England)
3. Skalenoedrischer Kristall des Calcits

1

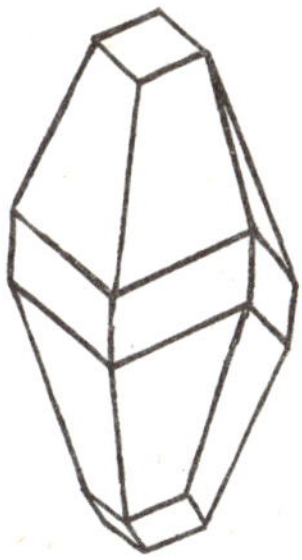

3

2

Aragonit

Kalziumkarbonat – $CaCO_3$
rhombisch
Härte:
3,5–4
Dichte:
2,9–3
Strich:
farblos

Der schwedische Naturhistoriker K. v. Linné glaubte feststellen zu können, daß der Aragonit mit dem Kalkstein in chemischer Hinsicht identisch ist. Später wurde nachgewiesen, daß er auch zahlreiche andere Eigenschaften aufweist. Er unterscheidet sich von ihm z. B. dadurch, daß er nicht spaltbar ist und keine rhomboedrischen Kristalle bildet. Die säuligen Kristalle verwachsen oft zu sechsteiligen (pseudohexagonalen) Zwillingen. Die Kristalle des Aragonits sind meistens feinnadelig bis langstengelig und bilden häufig Drusen. Sie sind farblos oder schneeweiß, hellgrau, gelb oder blaßrosa. Neben dem kristallisierten Aragonit ist auch der kompakte und körnige Aragonit in Gestalt des feinschichtigen *Sprudelsteins* und seltener in Form des *Erbsensteins*, der in der Form den Körnern der Erbse ähnelt, bekannt. Beide Abarten entstehen durch Ablagerung aus dem heißen Sprudel in Karlovy Vary (Karlsbad) in Böhmen. Aragonit bildet sich ähnlich wie Kalkspat unter verschiedenen Bedingungen. Kalkspat kristallisiert aber aus relativ kühlen Lösungen, im Gegensatz dazu lagert sich der Aragonit am häufigsten aus warmen Lösungen von mehr als 35 °C ab. Dadurch wird der innere Aufbau beeinflußt, der sich vom Kalkspat unterscheidet. Der innere Aufbau bedingt die abweichende Kristallform und auch die abweichenden physikalischen Eigenschaften.

Große pseudohexagonale säulige Kristalle des Aragonits kommen in Aragonien in Spanien vor (daher stammt die Bezeichnung Aragonit). Als im 15. Jahrhundert ein Stollen durch die

1. Kristallverwachsungen des Aragonits (Molina, Aragonien, Spanien)
2. Sprudelstein (Karlovy Vary, Böhmen)

1

2

reichhaltige Fundstätte der Siderit-Eisenerze am Gipfel des Erzberges bei Eisenerz in der nördlichen Steiermark (Österreich) vorgetrieben wurde, durch den die Erforschung der Gold- und Silbererzgänge erleichtert werden sollte, entdeckte man eine interessante Abart des Aragonits. Auf den ersten Blick sah sie wie eine weiße, versteinerte Pflanze aus. Auch heute findet man dort dieses Mineral, genannt *Eisenblüte.* Sie bildet stengelige Aggregate, die sich untereinander verflechten. Die bekanntesten außereuropäischen Fundstätten des Aragonits liegen in Algerien.

Kalziumkarbonat – $CaCO_3$
rhombisch
Härte: 3,5–4
Dichte: 2,9–3
Strich: farblos

Der kristallisierte Aragonit, von den Sammlern gern gesucht, hat keine praktische Bedeutung. Der Sprudelstein jedoch, gebildet in der Regel durch verschiedene satt gefärbte braune und gräuliche Streifen, wurde immer schon zur Herstellung kleiner Ziergegenstände und Andenken verwendet. Den Erbsenstein nutzte man zu ähnlichen Zwecken. In Karlovy Vary (Karlsbad) lagert sich Aragonit in den Mineralwasser ableitenden Rohren ab, die deshalb öfter ausgewechselt werden müssen. Er lagert sich aus dem Wasser so schnell ab, daß er bereits nach einigen Stunden die in die Sprudel hineingelegten Gegenstände überzieht. Auf diese Weise bilden sich die „Karlsbader Sträuße" heraus; das sind mit einer dünnen Sprudelschicht überzogene Blumen. Der feinfaserige *Erzbergit* ist dem Sprudelstein von Karlovy Vary (Karlsbad) im Aussehen zum Verwechseln ähnlich. Erzbergit ist ein Gemisch aus Aragonit und Kalkspat, der im erwähnten Erzberg gemeinsam mit der Eisenblüte vorkommt. Erzbergit ist eine weitere Besonderheit dieser Lagerstätte und wird ebenfalls als Dekorationsstein verwendet.

Eisenblüte (Eisenerz, Steiermark)

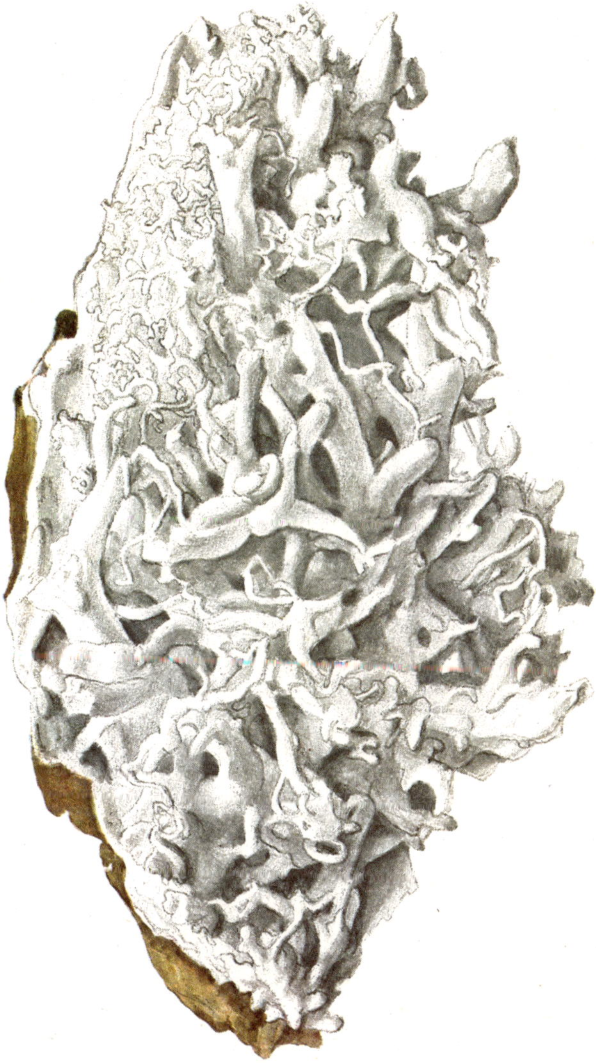

Magnesit

Magnesit erhielt seinen Namen nach dem Magnesiagehalt. Ähnlich wie andere Karbonate, kommt er in der Natur in den verschiedensten Formen, kristallin oder kompakt, vor. Kristallin ist er fein- bis grobkörnig, äußerlich dem Marmor sehr ähnlich. Am häufigsten ist er etwas fahlgrau mit einer Beimengung von Dolomit oder gelblich mit einer Beimengung von Siderit. In kompaktem Zustand ist er weiß. Die körnigen Magnesite entstanden durch eine Umwandlung der Kalksteine und Dolomite oder seltener durch unmittelbare Ablagerung; die kompakten durch Zersetzung der Serpentinite. Sie enthalten oft Beimengungen von Chalzedon oder Opal, deshalb sind sie meistens ziemlich hart. Ohne die Beimengungen sind sie erdig und erinnern an Kreide. Die europäischen Hauptproduzenten des Magnesits sind Österreich (Veitsch, Leoben und Mürzzuschlag in der Steiermark), die ČSSR (zwischen Lučenec und Košice in der Slowakei), die UdSSR (Satkinsk) und Griechenland; von den außereuropäischen Staaten haben die USA Bedeutung.

Die Anwendung des Magnesits ist vielseitig. Er ist ein wichtiger und sehr geschätzter Rohstoff für die Bauindustrie. Aus Magnesit werden feuerfeste Mauersteine hergestellt. Völlig ausgebrannt wird er zur Ausfutterung von Hochöfen verwendet. Außerdem findet er Anwendung bei der Herstellung von Porzellan und Keramikerzeugnissen. Große Mengen Magnesit werden in der Praxis zur Herstellung des schnellabbindenden, sogenannten Sorelzements verbraucht.

Magnesiumkarbonat – $MgCO_3$
rhomboedrisch
Härte:
4–4,5
Dichte:
2,96–3,12
Strich:
farblos bis grau

Magnesit (Veitsch, Österreich)

Dolomit; Ankerit

Die Kristallform, die chemische Zusammensetzung und Farbe des *Dolomits* gleichen dem Kalkspat und Magnesit. Als Gestein bildet er manchmal ganze Gebirgszüge. Einige Dolomite können verschiedene Beimengungen haben, zum Beispiel hat der bekannteste und häufigste Dolomit, der *Ankerit*, eine beträchtliche Beimengung von Eisen. Dolomit- und seltener Ankeritgesteine entstanden ursprünglich als Meeresablagerungen aus den Körpern kleiner Lebewesen. Ihre Entstehung ist also analog der Entstehung der Kalkgesteine. Kristallisierter Dolomit und Ankerit treten am häufigsten in Erzgängen auf, wo sie durch Kristallisation aus heißen Lösungen entstanden sind. Der Ankerit kommt auch in den Sedimenten der Kohlebecken vor. Nach dem Dolomit wurde das norditalienische Gebirge Dolomiten benannt, weil es zum größten Teil aus diesem Gestein besteht. Kristallisiert findet man den Dolomit zum Beispiel in Hall in Tirol, in Binnatal in der Schweiz und in Vermont im atlantischen Teil der USA, den Ankerit im Eisenerz in der Steiermark und im Gebiet von Kladno und Ostrava (ČSSR). Sie werden zur Herstellung von Spezialzementen und zu Ausfutterungen von Hochöfen verwendet. Ankerit findet auch, ähnlich wie die Kalksteine, als schlackenbildender Zusatz in Hochöfen beim Erschmelzen der Eisenerze Anwendung.

Kalzium-Magnesiumkarbonate:
Dolomit – $CaMg(CO_3)_2$
Ankerit – $Ca(Fe, Mg)(CO_3)_2$
rhomboedrisch
Härte:
Dolomit 3,5–4
Ankerit 3,5
Dichte:
Dolomit 2,8–2,9
Ankerit bis 3,56 (mit höchstem Eisengehalt)
Strich:
Dolomit farblos
Ankerit grau

1. Kristallisierter Dolomit (Hall, Tirol)
2. Kristallisierter Ankerit (Gebiet von Kladno, Böhmen)

1

2

Talk, Speckstein

Die Bezeichnung stammt aus dem Arabischen, und der Name seiner derben bis kompakten Abart *(Steatit)* aus dem griechischen stear – Talg. Die Namensgebung zeugt davon, daß dieses beim Befühlen fettige Mineral schon in alter Zeit bekannt war. Talk bildet vollkommen spaltbare, biegsame Schuppen und Blättchen von weißer oder grünlicher Farbe mit Perlmutterglanz. Die Abart Steatit bildet oft Schiefergesteine. Der Talk ist in größerer Menge in einigen Lagerstätten der kristallinen Karbonate, zum Beispiel der Magnesite, in den an Magnesium reichen Gesteinen und in den kristallinen Schiefern verbreitet. Die bedeutendsten Talklagerstätten liegen in den USA im Staate New York (in Karbonatgesteinen), in Vermont und Virginia (in den an Magnesium reichhaltigen Silikatgesteinen). In Europa befinden sich die größten Lagerstätten in Italien (Piemont) und in Österreich.

Der sogenannte *Topfstein* (ein Gemisch aus Talk und Chlorit) wurde früher besonders zur Herstellung von Gefäßen verwendet; aus den schön gefärbten Abarten des Talks werden kleine Ziergegenstände angefertigt. Heute verwendet man den Talk vor allem als wichtigen feuerfesten Rohstoff, zum Beispiel zur Herstellung von hitzebeständigem Keramikmaterial, von Kacheln, Gefäßen und Verblendziegeln für Hochöfen.

Basisches Magnesiumsilikat – $Mg_3(OH)_2(Si_2O_5)_2$
monoklin – pseudohexagonal
Härte: 1
Dichte: 2,6–2,8
Strich: farblos

Talk (Piemont, Italien)

Gips; Anhydrit

Im Aussehen und in der chemischen Zusammensetzung sind sie sich ähnlich. Der *Anhydrit*, dessen Bezeichnung aus dem Griechischen (an – ohne, hydor – Wasser) stammt, enthält im Unterschied zum *Gips* kein Wasser. Der Gips bildet tafelförmige Kristalle, die an den Glimmer erinnern *(Marienglas)*, oder er hat eine säulige Form. Der reine, kristallisierte Gips ist farblos, der kompakte ist weiß, am häufigsten jedoch gelblich gefärbt. Der Anhydrit ist meistens derb, seltener spaltbar, weißlich bis bläulich. Die abbauwürdigen Lagerstätten wurden aus dem Meerwasser abgelagert, deshalb treten beide meistens gemeinsam auf, wobei sich der Anhydrit oft durch Wasseraufnahme in Gips verwandelt. Die bekanntesten Gipslagerstätten liegen bei Voltera (Toskana), in Spanien und in Ägypten, die bekanntesten Vorkommen des Anhydrits in der Slowakei und in Polen.

Der Gips ist schon seit ältester Zeit bekannt. Den Anlaß zur Verwendung von Gips gab schon der Bildhauer Lysistratos im Altertum. Das wichtigste Anwendungsgebiet ist die Herstellung von Gips aus Gipsstein und Anhydrit. Durch das Brennen bei einer Temperatur von 300–400 °C erhält man den gebrannten Gips, der Wasser aufnimmt und danach erstarrt. Man benutzt Gips im Bauwesen, in der Medizin und für Abgüsse. Wenn man Gips bei einer Temperatur von mehr als 400 °C brennt, nimmt er kein Wasser mehr auf und wird für Farbstoffe und Zement verwendet. Der weiße, körnige Gipsstein, der *Alabaster*, dient als Bildhauerstein.

Kalziumsulfate:
wasserhaltiger Gips – $CaSO_4 \cdot 2H_2O$
wasserfreier Anhydrit – $CaSO_4$
Gips monoklin
Anhydrit rhombisch
Härte:
Gipsstein 1,5–2
Anhydrit 3–3,5
Dichte:
Gipsstein 2,3
Anhydrit 2,89–2,98
Strich:
farblos bis weiß
beim Anhydrit auch grau

1. Kristallisierter Gips (Salzkammergut, Österreich)
2. Faseriger Gips (Voltera, Toskana)

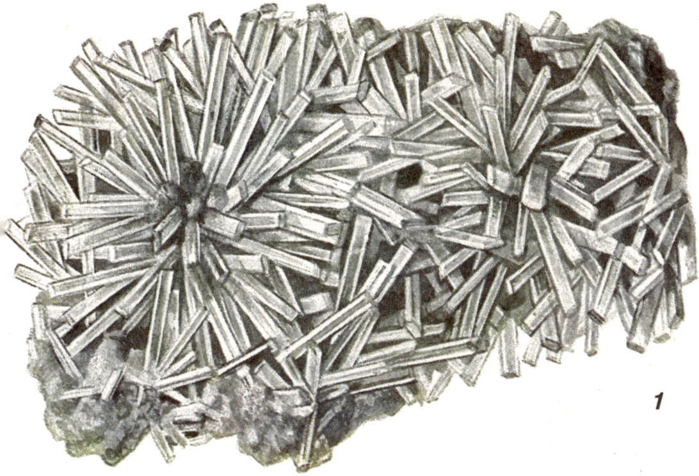

1

2

Quarz und seine Abarten

Siliziumdioxyd — SiO_2
rhomboedrisch
Härte: 7
Dichte: 2,65
Strich: farblos weiß bis grau

Quarz kannte man schon im Altertum gut. Besonders die Kristalle seiner reinsten Abart, des *Bergkristalls*, erregten die Aufmerksamkeit. Die Bezeichnung Bergkristall, abgeleitet von der Bezeichnung Kristall, stammt aus dem Griechischen und bedeutet eigentlich Eis. Den Namen erhielt er deshalb, weil er dem Eis ähnlich sieht und weil er auch zum Beispiel im Vergleich mit Glas in der Wärme lange Zeit kalt bleibt. Dies wird dadurch bewirkt, weil der Quarz wegen seines inneren Aufbaus ein sehr schlechter Wärmeleiter ist. Auch das wußten bereits die alten Römer, und die reichen Patrizier besaßen in ihren Behausungen oft große Kugeln aus Bergkristall, an denen sie sich die Hände kühlten. Mit dieser Eigenschaft des Bergkristalls befaßt sich in seinen Schriften auch Plinius und behauptet, daß der Bergkristall durch ein so intensives Gefrieren aus dem Eis entstand, daß er nicht einmal in der größten Hitze schmilzt.

Quarz kommt in der Natur in den verschiedensten Formen vor, kristallisiert und auch in derben Aggregaten. Außer dem wasserhellen, glasklaren Bergkristall ist eine Reihe ausdrucksvoller, farbiger Abarten bekannt. Das sind zum Beispiel der *Amethyst*, eine kristallisierte violette Abart mit verschiedenen Farbtönen (aus dem griechischen amethystos — unberauschend, weil er als Mittel gegen die Trunksucht angesehen wurde), der kristallisierte gelbe Quarz, genannt *Citrin*, der kristallisierte rauchgraue bis braune *Rauchquarz* und der schwarze *Morion* (alte lateinische Bezeichnung, mit der Plinius ursprünglich die

Kristalle des Bergkristalls (St. Gotthard, Schweiz)

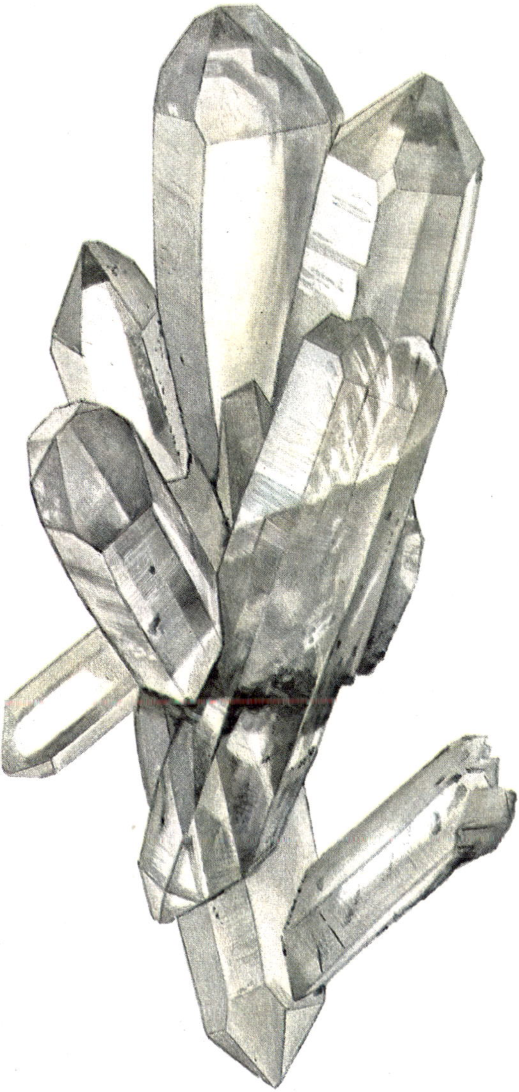

schwarzen Jaspisse und Onyxe aus Indien bezeichnete).
Die zart rosafarbige Abart des Quarzes wird *Rosenquarz* genannt. Der stückige, körnige und kristallisierte Quarz, durch Eisenoxyd rot, braun oder gelb gefärbt, wird als *Eisenquarz* bezeichnet. Der sogenannte *Milchquarz* ist ein farbloser, jedoch milchig getrübter Gangquarz. Seine milchweiße Farbe wird durch die Lichtbrechung an zahlreichen mikroskopischen Rissen bewirkt. *Katzenauge* (grau) und *Tigerauge* (gelbbraun) sind Abarten von Quarz mit parallelgerichteten Hornblendefasern durchgewachsen. In polierten Steinen entstehen beobachtbare Lichtstreifen, die sich bei einer Bewegung des Steines auch bewegen. Die verschiedenartig gefärbten unreinen Abarten bezeichnet man als *Gemeiner Quarz*. Der *Käppchenquarz* ist ein kristallisierter Quarz, bei dem sich durch unterbrochenes Wachsen kleine Schichten verschiedener Beimengungen, hauptsächlich von Glimmer, herausbilden. Durch einen Schlag kann ein solcher Kristall in mehrere „Käppchen" geteilt werden. Die *Jaspisse* (bereits von Plinius verwendete alte lateinische Bezeichnung) sind ein Gemisch aus Chalzedon und Quarz, durch verschiedene Beimengungen grün, gelb oder rot gefärbt. Den grünen Jaspis mit regelmäßigen roten Flecken nennt man *Heliotrop* (aus dem griechischen helios — Sonne und trepa — verändern), und zwar deshalb, weil man ihn im Altertum bei der Sonnenbeobachtung benutzte. Ein Gemisch aus Quarz und Chalzedon ist auch der graue *Hornstein* und der ihm ähnliche, dunklere bis schwarze *Feuerstein*, der aus der baltischen Schreibkreide stammt.

Der Quarz ist das am stärksten verbreitete Mineral der Erdrinde. Er ist mit 12 % an ihrer

Siliziumdioxyd
— SiO_2
rhomboedrisch
Härte:
7
Dichte:
2,65
Strich:
farblos
weiß bis grau

Kristalldruse des Amethystes (Rio Grande do Sul, Brasilien)

Zusammensetzung beteiligt. Quarz kommt in einer ganzen Reihe von Gesteinen vor. Einige von ihnen bilden zum Beispiel überwiegend den *Sand* oder *Sandstein.*

In der Natur begegnet man auch ziemlich großen Quarzkristallen, besonders in den Hohlräumen der grobkörnigen Granite, in den sogenannten Pegmatiten und in manchen Erzgängen, wo er in der Regel das taube Gestein bildet. Häufig existieren auch selbständige Quarzgänge. Die Kristalle des Bergkristalls treten meistens an den Klüften kristalliner Schiefer auf, aber auch in den Eruptivgesteinen, zum Beispiel in den Melaphyren, oft gemeinsam mit den Achaten. Ebenso findet man den Amethyst in den Hohlräumen der Eruptivgesteine, vor allem der Melaphyrmandelsteine, in denen er manchmal im Innern Hohlkugeln, die sogenannten Geoden, herausbildet. Der Amethyst ist auch aus dem tauben Gestein der Erz- und Quarzgänge bekannt. Ähnlich sind auch die Vorkommen des Rauchquarzes und Morions. Der Rosenquarz tritt meistens als Bestandteil der Pegmatite auf. Einige Abarten des Quarzes, oft im Gemisch mit Chalzedon (zum Beispiel der Jaspis), entstanden in Hohlräumen der Oberflächen-Eruptivgesteine, hauptsächlich der Melaphyre. Die Bestandteile der Ergußgesteine wurden nach ihrer Erstarrung durch heiße Wasser zersetzt, und die so freigewordene Kieselsäure füllte die Hohlräume aus. Der Hornstein entsteht in Erzgängen als Mineral anorganischen Ursprungs, der ähnliche Feuerstein entstand aus kieseligen Körperhüllen der abgestorbenen Organismen in den Sekundärformationen (Jura und Kreide).

Die schönsten Kristalle des Quarzes, besonders des Bergkristalls, sind aus den Kristall-

Siliziumdioxyd
— SiO_2
rhomboedrisch
Härte:
7
Dichte:
2,65
Strich:
farblos
weiß bis grau

Kristall des Rauchquarzes (St. Gotthard, Schweiz)

schiefern der Alpen bekannt. Im Jahre 1735 wurde zum Beispiel am Zinggenstock in der Nähe von Grimsel in den Berner Alpen in der Schweiz ein großer Hohlraum, der sogenannte Bergkristallkeller, entdeckt, aus dem mehr als 1000 Doppelzentner Bergkristall gefördert wurden. Die größte Amethystgeode wurde in Brasilien gefunden. Sie hatte die Ausmaße von 10 × 5 × 3 m. Ähnliche, aber erheblich kleinere Hohlräume, ausgefüllt mit kristallisierten und stückigen Abarten des Quarzes, findet man bei Idar in der BRD und im böhmischen Riesengebirgsvorland im berühmten Kozákov und Levín. Große Mengen Feuersteine findet man am Ostseestrand, auf der Insel Rügen.

Der Bergkristall, ein relativ billiger Edelstein, wird heute vor allem zur Herstellung größerer Kunstgegenstände verwendet. Wegen seiner Härte und Widerstandsfähigkeit ist er dafür ein geeignetes Material, ebenso wie die übrigen Quarzarten. Auch der Amethyst war schon im Altertum ein gesuchter Edelstein und Rohstoff zur Herstellung von Amuletten. Seit dieser Zeit wurde er zur Herstellung von Schmuck und Ziergegenständen verwendet. Am meisten geschätzt sind seine satten, gleichmäßig ausgefärbten Kristalle. Interessant ist, daß durch ihr Ausbrennen honiggelbe Steine entstehen, die künstlichen Citrine, die man auch *spanische Topase* nennt. Sie sind ebenso wie die Edelsteine sehr geschätzt. Von großer Bedeutung ist der Quarz auch als Rohstoff für die Glas- und optische Industrie. Zur Herstellung optischer Gläser wird der farblose Bergkristall verwendet. Einen ganz besonderen Anwendungsbereich findet der Quarz auch in der Rundfunktechnik. Zu diesem Zwecke werden jedoch heute meist künstliche Quarzkristalle verwendet.

Siliziumdioxyd
— SiO_2
rhomboedrisch
Härte:
7
Dichte:
2,65
Strich:
farblos
weiß bis grau

1. Rosenquarz (Zwiesel, Bayern)
2. Tigerauge (Gebirge Doorn, Südafrikanische Republik)

1

2

Chalzedon:
Karneol, Kascholong, Plasma, Achat

Sie sind Abarten des Siliziumdioxyds, die im Unterschied zum Quarz nur mikroskopisch kristallin sind. Dies bedeutet, daß ihre Kristalle erst bei stärkerer Vergrößerung im Mikroskop feststellbar sind, und das nur, wenn sie zu einem dünnen, durchscheinenden Plättchen, genannt Dünnschliff, ausgeschliffen werden. Das Aussehen des Chalzedons ist jeweils nur kompakt. Er kommt in Gestalt nierenförmiger Krusten, traubenförmiger Überzüge und geschichteter sowie anderer Gebilde vor. Die Farbe ist unterschiedlich. Der *Gemeine Chalzedon* bildet graue, bläuliche oder gelbliche durchscheinende Aggregate aus. Der *Karneol* ist durch Eisenoxyde rot gefärbt. Der *Kascholong* ist ein kreideweißes Gemisch des Chalzedons und Opals. Das *Plasma* ist hellgrün.

Die bekannteste und beliebteste Abart des Chalzedons ist der feingestreifte *Achat*. Man findet ihn am häufigsten in den Mandelsteinhohlräumen der Melaphyre und ähnlicher Gesteine. Diese Gesteine entstanden durch die Vulkantätigkeit, deren Höhepunkt das Ergießen der glühenden, blasigen und gasreichen Lava auf die Erdoberfläche war. In den zahlreichen Hohlräumen bildeten sich nach dem Entweichen der Gase durch Ablagerung aus den heißen Lösungen sowohl kompakte Chalzedonfüllungen als auch konzentrisch angeordnete Achate heraus. Diese Ausfüllungen, viel härter und widerstandsfähiger als das Gestein selbst, findet man sehr häufig auch in Akkerböden, die durch Zersetzung des Primärgesteins entstanden.

Siliziumdioxyd
— SiO_2
rhomboedrisch
kryptokristallin
Härte:
6,5
Dichte:
2,57—2,64
(geringer als beim Quarz)
Strich:
farblos
weiß bis grau

1. Tropfsteinförmiger Chalzedon (Faröer Inseln)
2. Karneol (Nová Paka, Böhmen)

1

2

Chalzedon

Siliziumdioxyd
— SiO_2
rhomboedrisch
kryptokristallin
Härte:
6,5
Dichte:
2,57—2,64
(geringer als
beim Quarz)
Strich:
farblos
weiß bis grau

Der Achat wurde nach seiner angeblich ersten bekannten Fundstätte, am Flusse Achates (heute Dirillo) im Süden Siziliens, benannt. Heute liegen seine bedeutendsten Fundstätten in Brasilien und in Uruguay, in Europa bei Idar im Rheinland und im böhmischen Riesengebirgsvorland, wo die Chalzedone bereits zur Zeit Karls IV. gefördert und zu dekorativen Zwecken verwendet wurden. Unter Kaiser Rudolf II. war das Interesse an ihnen so groß, daß der Herrscher auch Sammler aus dem Ausland zu ihren Fundstätten entsandte. Die Sammler wurden mit seinen Begleitscheinen ausgestattet und mit zahlreichen Privilegien bedacht.

Der Achat ist eines der ältesten bekannten Mineralien. Ziergegenstände aus Achat wurden schon 5000 v. Chr. hergestellt. Obwohl heute die Beliebtheit der Achate und Chalzedone und der aus ihnen hergestellten Schmuckstücke und Gegenstände nicht mehr so groß ist wie früher, stellt man noch aus ihnen Kunstgegenstände, besonders Schalen, Becher, Dosen, Schreibgarnituren, dekorative Briefbeschwerer, Aschenbecher usw. her. Achat und Chalzedon werden heute auch in verschiedenen Industriezweigen verwendet. Wegen ihrer Härte und Widerstandsfähigkeit dienen massive Stücke dieser Mineralien als ausgezeichneter Rohstoff zur Herstellung von Lagern und Schneiden bei Feinwaagen, für Kompasse und andere Geräte, Reibschalen für chemische Zwecke und Gelenklager bei Molkereimaschinen.

Achat (Rio Grande do Sul, Brasilien)

Diamant

Der Diamant ist eine der Modifikationen des Kohlenstoffelementes, ebenso wie der Graphit. Die sehr großen Unterschiede in den Eigenschaften beider Mineralien beruhen auf der unterschiedlichen Verteilung der Atome in ihrer Masse. Die Kohlenstoffatome im Diamanten sind in höchstem Maße zusammengedrängt. Dadurch sind auch seine physikalischen Eigenschaften bedingt, zum Beispiel die sehr große, bekannte Härte. Er bildet gerundete Oktaeder, die oft verzwillingt, farblos, gelb, braun, grün, weniger häufig blau und schwarz sind. Seltener bildet er auch Hexakisoktaeder. Auffallend ist der Diamantglanz. Diamanten treten in Aufschwemmungen auf; dorthin wurden sie aus den ultrabasischen Gesteinen (an Siliziumdioxyd sehr arme Gesteine) getragen. Das einzige Gestein, in dem eingewachsene Diamanten festgestellt wurden, ist der Kimberlit, benannt nach der Fundstätte Kimberley in Südafrika. Andere bedeutende Fundstätten liegen im Kongo, in Angola, in Sierra Leone, in Brasilien und in der UdSSR (Jakutien).

Der Diamant ist einer der seltensten Edelsteine und wird vor allem in die Form von Brillanten geschliffen, aber auch zu technischen Zwecken verwendet. Die Diamanten, die sich für die Verarbeitung zu Schmuck nicht eignen, werden handelsüblich als *Bort* bezeichnet. Sie werden zur Bearbeitung verschiedener harter Massen, bei Gesteinsbohrungen (Diamantkronen), für Ziehsteine zur Herstellung dünner Drähte verwendet.

Kohlenstoff – C
regulär
Härte:
10
Dichte:
3,5 – 3,6
Strich:
farblos

Diamantkristall im Kimberlit (Kimberley, Südafrikanische Republik)

Korund:
Rubin, Saphir, Leukosaphir

Der Korund umfaßt eine Reihe farbiger Abarten, die durch Beimengungen verschiedener Metalle entstehen. Der rote *Rubin* ist durch Chrom gefärbt, der blaue *Saphir* durch Eisen und Titan. Bekannt ist auch der farblose, vollkommen wasserhelle *Leukosaphir* und der gelbe, grüne und violette Korund. Der *Gemeine Korund* ist meistens grau. Der Korund tritt in Kristallen und auch körnig überall dort auf, wo in Ergußgesteinen oder in kristallinischen Kalksteinen eine größere Beimengung tonhaltiger Bestandteile vorkommt. Häufig findet man ihn in Aufschwemmungen. Die Hauptproduzenten des Korunds sind Südafrika, Indien, Madagaskar und Kanada, in Europa Mias im Ural, Unkel im Rheinland und Jizerská Louka (Iserwiese) in Böhmen; von dort stammen die schönsten europäischen Saphire.

Der Korund, oder besser gesagt einige seiner schön gefärbten Abarten, sind seltene Edelsteine. Wegen seiner hohen Härte wird der Korund zum Schleifen und zu anderen technischen Zwecken verwendet. Der Korund machte den Physikern die Konstruktion des sogenannten Lasers möglich, der außergewöhnlich intensive Lichtstrahlen über jede Entfernung aussendet. Hauptbestandteil dieses Gerätes, das von größter Bedeutung für friedliche und militärische Zwecke ist, sind die Kristalle des Rubins. Allerdings werden heute zu seiner Herstellung synthetisch gewonnene Kristalle verwendet.

Aluminiumoxyd
— Al_2O_3
rhomboedrisch
Härte:
9
Dichte:
4,1
Strich:
farblos bis grau

1. Kristalle des Rubins (Madagaskar)
2. Kristalle des Saphirs (Montana, USA)

1

2

Beryll:
Smaragd, Aquamarin, Heliodor, Morganit

Man kann bei dem römischen Naturwissenschaftler Plinius nachlesen, daß Kaiser Nero, um besser sehen zu können, aus Smaragd ausgeschliffene Linsen verwendete. Es handelte sich aber um eine andere Abart des Berylls. Der *Smaragd* ist satt grün, die Farbe des *Aquamarins* erinnert an das Meerwasser. Weniger bekannt sind anders gefärbte Berylle, zum Beispiel der gelbe, durchsichtige *Heliodor* und der rosafarbige *Morganit*. Der *Gemeine Beryll* erreicht nicht die Qualitäten der Edelsteine. Beryll bildet Kristalle und stengelige Aggregate aus. Er kommt vor allem verwachsen in den grobkörnigen Graniten, den sogenannten Pegmatiten, oder in ähnlichen Gesteinen vor. Die besten Smaragde entstammen den Kalksteinen und Glimmerschiefern aus Kolumbien, dem Ural und aus Peru, in Europa aus der Nähe von Salzburg, die Aquamarine aus Brasilien und die Gemeinen Berylle aus Maine (USA).

Der Beryll wurde schon immer als ein sehr seltener Edelstein angesehen. Besonders der Smaragd wird weit mehr geschätzt als der Diamant, wenn er vollkommen ausgefärbt ist. Auch die übrigen durchsichtigen Berylle werden als Edelsteine geschätzt. Der Beryll ist außerdem auch ein sehr wichtiger Rohstoff für das Beryllium, das zur Herstellung von Leichtlegierungen wichtig ist.

Beryll — Aluminiumsilikat — $Al_2Be_3Si_6O_{18}$
hexagonal
Härte:
8
Dichte:
2,6 bis 2,8
Strich:
farblos
weiß bis grau

1. Kristalle des Smaragds (Musso, Kolumbien)
2. Kristalle des Aquamarins (Minas Geraes, Brasilien)

1

2

Turmalin:
Schörl, Rubellit, Indigolith, Verdelith, Dravit, Achroit

Schon 1703 brachten holländische Seefahrer zum ersten Mal von der Insel Ceylon einen besonderen Stein nach Europa, der von den Eingeborenen „turamali“ genannt wurde. Der Stein zeichnete sich durch eine mysteriöse Eigenschaft aus; beim Erhitzen zog er die Asche aus dem Feuer an, über dem er erhitzt wurde. Es handelt sich um Elektrizität, die im Turmalin durch seinen inneren Aufbau entsteht. Die Prismen des Turmalins sind an dem einen Ende positiv, am anderen Ende negativ aufgeladen. Der Turmalin von der Insel Ceylon war rötlich bis rot gefärbt *(Rubellit)*, der weit weniger auffallende schwarze Turmalin *(Schörl)* war schon lange vorher bekannt. Es gibt außerdem den blauen Turmalin *(Indigolith)*, den grünen *(Verdelith)*, den blauen *(Dravit)* und den farblosen *(Achroit)* und die mehrfarbigen sogenannten Mohren- oder Türkenköpfe. Die Kristalle des Turmalins sind meistens lang-, seltener kurzstengelig und senkrecht gerillt. Ihr Querschnitt ist ungefähr dreieckig. Noch häufiger ist der Turmalin stengelig. Er kommt hauptsächlich in den Graniten und Pegmatiten vor. Auf der Insel Ceylon findet man ihn in den dort zahlreichen Aufschwemmungen. Weitere Vorkommen liegen in Kalifornien, in Brasilien und auf Madagaskar. Die wichtigsten europäischen Fundstätten befinden sich im Ural in der UdSSR. Die schön gefärbten Abarten werden als Edelsteine geschätzt. Dunkle, aber durchsichtige Abarten werden in der modernen optischen Industrie verwendet.

Sehr kompliziertes Borosilikat einer ganzen Reihe von Metallen, hauptsächlich des Aluminiums, Natriums, Magnesiums und Lithiums
rhomboedrisch
Härte:
7 und mehr
Dichte:
3 bis 3,2
Strich:
farblos bis grau

1. Kristall des Turmalins – des Schörls (Dolní Bory, Mähren)
2. Kristalle des Rubellits (Pala, Kalifornien)

1

2

Topas

Der Topas ist ein Stein, der schon im Altertum bekannt war. In der Natur kommt er am häufigsten völlig klar, farblos oder grau vor. Unbedeutende Beimengungen mancher Metalle bewirken jedoch seine unterschiedliche Färbung; so sind zum Beispiel gelbe, blaue, rosafarbige und andere Topase bekannt. Der Topas bildet säulige Kristalle, häufiger ist er körnig und stengelig (sogenannter *Pyknit*). Er ist ein charakteristisches Mineral mancher Granite, vor allem der grobkörnigen (Pegmatite). Oft tritt er auch in Zinnsteinerzgängen auf. Die bekanntesten Fundstätten liegen im Ural (Murzinka) und in Brasilien (Villarica), in beiden Fällen in den Pegmatiten.

Der Topas ist ein beliebter Edelstein. Besonders seine Härte, Durchsichtigkeit, die beträchtliche Größe der Rohsteine ohne Risse und Fehler und seine Farbtöne sind die Gründe für seine Beliebtheit. Einige seiner Abarten, besonders die mit satter Färbung, verschießen unter Einwirkung der Sonnenstrahlen. Diese Tatsache war schon lange bekannt, doch erst später stellte man fest, daß nicht das Licht, sondern die Wärme der Sonnenstrahlung diesen Farbwechsel hervorruft. Seit dieser Erkenntnis versuchen die Juweliere, durch künstliches Erwärmen die Farben des Topases zu verändern.

Aluminiumsilikat mit Fluor – $Al_2F_2SiO_4$
rhombisch
Härte:
8
Dichte:
3,5
Strich:
farblos bis grau

Kristall des Topases (Minas Geraes, Brasilien)

Granate:
Pyrop, Almandin

Die Granate sind eine Gruppe von Mineralien mit ähnlicher Zusammensetzung und gleicher Struktur, die sich untereinander vermischen. Am bekanntesten sind der *Pyrop (böhmischer Granat)* und der *Almandin (orientalischer Granat)*. Der Pyrop bildet am häufigsten Körner von schöner dunkelroter, feuriger Farbe und hohem Glanz. Er entsteht als Bestandteil der an Olivin reichhaltigen Eruptivgesteine, besonders der Kimberlite, und der durch Umwandlung aus ihnen entstandenen Serpentinite. Die bekanntesten Fundstätten liegen im Böhmischen Mittelgebirge, wo er in den Aufschwemmungen vorkommt, und in der Südafrikanischen Republik. Der Almandin kommt im Unterschied zum Pyrop weit häufiger in größeren Kristallen vor, die meistens durch die Flächen des rhombischen Dodekaeders begrenzt sind. Die Farbe weist einen Stich ins Violette auf. Er tritt am häufigsten in Gneisen und Granuliten auf. Den Namen erhielt er nach seiner ursprünglichen Fundstätte in der Umgebung der Stadt Alabanda in Kleinasien, wo er schon im Altertum gewonnen wurde. Die wichtigsten europäischen Fundstätten liegen in Tirol.

Die Granite sind beliebte Edelsteine, aus denen Schmuckstücke hergestellt werden. Die böhmischen Granate, die schon seit dem 16. Jahrhundert gesammelt werden, sind besonders beliebt. Der Almandin wird als Edelstein umso höher geschätzt und ist umso wertvoller, je mehr er dem Rubin ähnelt.

Doppelsilikate des drei- und zweiwertigen Metalls
Pyrop: Magnesium-Aluminiumsilikat – $Mg_3Al_2(SiO_4)_3$
Almandin: Eisen-Aluminiumsilikat – $Fe_3Al_2(SiO_4)_3$
regulär
Härte: 7 und mehr
Dichte: Pyrop 3,7 bis 3,8
Almandin 4,1 bis 4,3
Strich: farblos

1. Almandin (Tirol)
2. Pyrop (Böhmisches Mittelgebirge)

1

2

Opal:
Gemeiner, Edel-, Feuer-, dendritischer Opal, Milchopal, Hydrophan, Hyalit, Menilit, Kascholong

Der Opal ist ein Mineral, das durch sein schönes Farbenspiel besonders auffällt, deshalb war er auch einer der ersten Edelsteine, die man zu dekorativen Zwecken verwendete. Schon im Altertum war der Opal sehr geschätzt. Die ersten, bis heute erhalten gebliebenen künstlerischen Gegenstände aus Opal stammen ungefähr aus der Zeit um 500 v. Chr. Die Sage weiß zu berichten, daß der römische Senator Nonius, der im Besitz einer feinen Gravierung in Opal war, in die Verbannung gehen mußte, weil er sie dem Kaiser Marcus Aurelius nicht abtreten wollte.

Das Farbenspiel, charakteristisch für Edelsteinabarten des Opals, wird durch die Brechung und Zerlegung der Lichtstrahlen an den feinverteilten kleinen, mit Wasser ausgefüllten Hohlräumen bewirkt. Die Abarten der Opale, die dieses Farbenspiel zeigen, werden als *edle Opale* bezeichnet. Manche Opale büßen an der trockenen Luft schnell einen Teil des Wassers und damit auch das Farbenspiel ein. Durch Eintauchen in Wasser, oder manchmal auch in der feuchten Luft, gewinnen sie zeitweilig dieses Farbenspiel wieder zurück. Das sind die sogenannten *Hydrophane.* Der gelbrote Opal mit Farbenspiel wird als *Feueropal* bezeichnet. Die als *Gemeine Opale* bezeichneten Abarten zeigen das Farbenspiel nicht. Sie sind kompakt und weisen verschiedene Farben auf. Sind sie mit schwarzen Dendriten der Mangan- und Eisenoxyde durchsetzt, die an

Wasserhaltiges Siliziumdioxyd
— $SiO_2 + n\,H_2O$
amorph
Härte:
5,5–6,5
Dichte:
1,9–2,3
Strich:
farblos
weiß bis grau

1. Gemeiner Opal (Südslowakei)
2. Feueropal (Zimapan, Mexiko)

1

2

Pflanzen erinnern, spricht man von einem *dendritischen Opal.*
Der *Glasopal (Hyalit,* aus dem griechischen hyalos — Glas) bildet vollkommen wasserhelle, nierige, traubige und tropfsteinförmige Aggregate. Der *Menilit* (nach dem Fundort Ménilmontant in Paris) bildet graubraune, deutlich geschichtete, dem Feuerstein ähnliche Konkretionen aus. Der *Kascholong* ist ein kreideweißer Opal vermischt mit Chalzedon. Der Opal entsteht entweder durch Ablagerung aus heißen Lösungen, zum Beispiel aus heißen Quellen, oder durch Zersetzung der Silikate in den Gesteinen, hauptsächlich in den Serpentinen. In analoger Weise entsteht er auch in den Andesiten und Basalten. Die Opalgesteine, nach ihren Fundstätten in Tripolis in Nordafrika *Tripoliten (Diatomeenschiefer)* genannt, bildeten sich durch Ablagerung kleiner Algen im Diatomeenschlamm heraus (von daher der Name). Der Menilit und der Kascholong haben meistens ebenfalls organischen Ursprung. Als die schönsten Opale überhaupt galten bis in die 70-er Jahre des vorigen Jahrhunderts die Opale aus Dubník in der Nähe von Prešov in der Slowakei. Aus dieser Fundstätte, die wahrscheinlich schon im Altertum bekannt war, stammt auch eine Reihe der schönsten bekannten Edelopale. Der Ruhm der slowakischen Opale verging mit der Entdeckung der australischen und später der mexikanischen Opale, die buntere Farben aufweisen. Aus Mexiko stammen auch die Feueropale. Diatomeenschiefer werden zum Polieren von Metallen, zur Herstellung von Dynamit, zur Wärme- und Schalldämmung und zur Herstellung poröser Wände als Filter- und Adsorptionsmassen verwendet.

Wasserhaltiges Siliziumdioxyd — $SiO_2 + n\,H_2O$
amorph
Härte:
5,5 bis 6,5
Dichte:
1,9—2,3
Strich:
farblos
weiß bis grau

1. Hyalit (Valeč, Böhmen)
2. Menilit (Paris — Ménilmontant, Frankreich)

1

2

Amphibol:
Gemeiner und Basaltamphibol

Amphibol ist ein dem Augit sehr ähnliches gesteinsbildendes Mineral. Er ist dem Augit in seiner chemischen Zusammensetzung, der Kristallform und Farbe sehr ähnlich. Man kann sie mit einiger praktischen Kenntnis leicht voneinander unterscheiden. Beide Mineralien sind ziemlich gut spaltbar, wobei die Spaltflächen des Augits einen Winkel von annähernd 90 °, des Amphibols von 120 ° einschließen. Die Kristalle des Amphibols sind meistens kurz- oder auch langstengelig und werden in der Regel durch einen Dreiflächner abgeschlossen. Sie sind gewöhnlich relativ vollkommen durch glatte und ebene Flächen begrenzt. Amphibol bildet aber auch unregelmäßige Aggregate mit körnigem, stengeligem oder faserigem Gefüge, die mit dem Gestein verwachsen sind. Seine Farbe ändert sich nach der veränderlichen chemischen Zusammensetzung. Der sogenannte *Basaltamphibol* ist schwarz, in dünnen Blättchen bräunlich. Der *Gemeine Amphibol* ist schwarz bis schwarzgrün gefärbt. Amphibol ist ein sehr verbreitetes Mineral. Man begegnet ihm in Gesteinen, die einen geringen Siliziumdioxydgehalt aufweisen. Am häufigsten tritt er in manchen Eruptivgesteinen, vor allem in den tertiären Basalttuffen und in Basalten auf. Weltbekannt sind seine Kristalle aus den böhmischen Fundstätten vom Berg Vlčák bei Černošín in der Nähe von Stříbro und aus dem Böhmischen Mittelgebirge, vor allem aus der Umgebung von Lovosice.

Sehr kompliziertes Alumosilikat mit Magnesium-, Natrium- und Kalziumgehalt. Der Basalt- und Gemeine Amphibol sind monoklin, es sind jedoch auch rhombische Amphibole bekannt

Härte:
5 – 6
bei denen, die reich an Magnesium sind, bis zu 6,5

Dichte:
2,9 – 3,6

Strich:
graugrün

1. Kristalle des Amphibols (Vlčák, Böhmen)
2. Kristall des Amphibols

1

2

Augit

Augit gehört zu den Mineralien, die bisher keine praktische Anwendung fanden, aber an der Zusammensetzung der Gesteine wesentlich beteiligt sind (gesteinsbildende Mineralien). Von diesen wären zum Beispiel zu nennen: Quarz, Feldspäte, Glimmer und Amphibol. Augit kommt in Form kurzstengeliger bis tafeliger Kristalle und Körner von schwarzer Farbe, manchmal auch mit braunem oder grünlichem Farbton, vor. Die Kristalle sind manchmal verzwillingt. Augit ist dem Amphibol in seiner chemischen Zusammensetzung, Kristallform und Farbe sehr ähnlich. Bei einiger Praxis sind sie jedoch leicht voneinander zu unterscheiden. Beide Mineralien sind ziemlich gut spaltbar, wobei die Spaltflächen des Augits einen Winkel von annähernd 90 °, die des Amphibols von 120 ° einschließen. Man findet Augit in zahlreichen Gesteinen, die arm an Siliziumdioxyd sind, hauptsächlich in den Basalttuffen und anderen Basaltgesteinen, in den Andesiten und sonstigen, besonders tertiären Oberflächen-Ergußgesteinen. Seine losen Kristalle findet man häufig im Ackerboden in der Nähe der Primärgesteine. Bei den Sammlern sind seine weltbekannten Kristalle aus den Basalttuffen des Böhmischen Mittelgebirges, zum Beispiel aus Bořislav in der Nähe von Teplice, aus Černošín bei Stříbro in Böhmen und vom Kaiserstuhl in der BRD sehr beliebt.

Sehr kompliziertes Magnesium, Natrium und Kalzium enthaltendes Alumosilikat mit einer Beimengung von Titan
monoklin
Härte: 5–6
Dichte: 3,2–3,6
Strich: graugrün

1. Kristalle des Augits (Paškopole, Böhmisches Mittelgebirge)
2. Kristall des Augits

2

1

Übersichtstabelle der geologischen Zeitalter und Formationen

Zeitalter (Ära)		Formation	Dauer (in Mill. Jahren)	Alter (in Mill. Jahren)
Quartärformation (Anthropozoikum, Quartär)			1	1
Tertiärperiode (Känozoikum, Tertiär)	jüngeres (Neogen)	Pliozän	10	11
		Miozän	14	25
	älteres (Paläogen)	Oligozän	15	40
		Eozän	20	60
		Paläozän	10	70
Mesozoikum (Erdmittelalter)		Kreidc	70	140
		Jura	45	185
		Trias	40	225
Paläozoikum (Primärformation)	jüngeres (Permo-karbon)	Perm	45	270
		Karbon	70	340
	älteres	Devon	50	390
		Silur	40	430
		Ordovizium	50	480
		Kambrium	70	570
Proterozoikum (Algonkium, Präkambrium)			1230	1800
Archaikum (Urgebirge)			1700	

DAS SAMMELN VON MINERALIEN

Das Sammeln von Mineralien beginnt für jeden Sammler schon zu Hause mit den Vorbereitungen. Zunächst sollte man sich anhand von Fachliteratur mit der Beschaffenheit der ausgewählten Fundstätte vertraut machen. Das vorausgehende Studium der Fundstätte muß durch eine gute Karte, auf der die Fundstätte ermittelt wird, unterstützt werden. Ein zusätzliches gutes Hilfsmittel für jeden Sammler ist auch die geologische Karte. Neben der „theoretischen“ Vorbereitung darf auch die „praktische“ Vorbereitung nicht vergessen werden. Als Ausrüstungsgegenstände braucht man unbedingt einen festen Rucksack, einwandfreie Geologenhämmer (einen großen und einen kleinen), einen Meißel, die bereits erwähnten Karten, ein Notizbuch, eine Lupe und Papier zum Verpacken der gesammelten Mineralien. Man darf nicht vergessen, kleine Etiketten mitzunehmen, auf denen, wie noch später erwähnt

Abb. 9 Wichtige Ausrüstungsgegenstände des Mineralsammlers: Geologenhammer, Meißel, Lupe, Kompaß, Handschuhe, Zeitungspapier zum Verpacken der Musterstücke, Notizblock und Bleistift (auf keinen Fall Tintenstift!!), Tragetasche

wird, die genauen Fundorte eingetragen werden. Meistens ist ein Fotoapparat auf einer Sammeltour sehr nützlich.

Eine einwandfreie Lupe ist von den angeführten Hilfsmitteln besonders wichtig, denn sie erleichtert oft die Bestimmung des Minerals. Die Sammler sollten tatsächlich nur Lupen für mineralogische Zwecke mit 8 bis 10-facher Vergrößerung verwenden, die auch die Ränder des Blickfeldes nicht verzeichnen. Dadurch unterscheiden sie sich von den üblichen verwendeten Lupen, zum Beispiel von den Lupen für botanische Zwecke.

Manchen wird es überraschen, daß Zeitungspapier das am besten geeignete Papier zum Verpacken der Mineralien ist, man benötigt also kein besonderes Papier. Zum Verpacken feinerer Mineralien können kleine Schachteln verschiedener Formate mitgenommen werden. Über ihre Verwendung wird später noch einiges gesagt.

Man kann Mineralien überall dort finden, wo die Erdrinde einwandfrei an den Auftritten bloßgelegt ist, also vor allem in Steinbrüchen, Gruben und auf Grubenhalden. Geeignete Fundstätten können auch Einschnitte von Straßen und Eisenbahnstrecken sein, besonders, wenn sie frisch aufgeschlossen sind. Manchmal findet man Mineralien auch auf Wegen, im Ackerboden und in Aufschwemmungen. In diesen Fällen muß man sich aber davon überzeugen, ob es sich tatsächlich um eine natürliche Fundstätte der Mineralien und nicht um Orte handelt, wohin die Mineralien durch den Menschen getragen wurden.

Die meisten Sammler sammeln an den Fundstätten nur Musterstücke der Mineralien, interessant sind aber auch Gesteinssammlungen.

Das vorausgegangene theoretische Studium der Fundstätte erleichtert die Orientierung. Es ist aber immer zweckmäßig, Aufzeichnungen über den Zustand der Fundstücke, über die Gesteine und ihre Verteilung am Fundort und über die dort gefundenen Mineralien zu machen. Es ist selbstverständlich, daß Aufzeichnungen mit dem Datum, wann die Fundstätte aufgesucht wurde, versehen werden. Außerdem ist es zweckmäßig, die Fundstätte in einen einfachen Übersichtsplan, ergänzt durch Zeichnungen oder dokumentarische Photos (Gesamtansicht und Detailaufnahmen), einzuzeichnen.

Diese Aufzeichnungen können besonders nach längerer Zeit, wenn die gesammelten Mineralien erneut sortiert und verarbeitet werden, oder wenn man beabsichtigt, später an die Fundstätte zurückzukehren, von großer Bedeutung sein. Deshalb sind die Aufzeichnungen so anzufertigen, daß man auch nach längerer Zeit mühelos und schnell feststellen kann, wo die einzelnen Mineralien gefunden wurden oder in welchem Teil des Steinbruches das jeweilige Mineral vorkommt. Die Aufzeichnungen werden so zu einer Dokumentation der betreffenden Fundstätte zu einer bestimmten Zeit und ermöglichen auch eventuelle Veränderungen zu beobachten und zu verfolgen.

Man soll versuchen, die Mineralien immer in einer bestimmten Größe zu sammeln. Bewährt hat sich zum Beispiel das Format von 6 × 9 cm. Natürlich nimmt man auch größere, besonders schöne Kristalle oder Kristallgruppen in die Sammlung auf, wenn man sie findet, ebenso wie kleine Einzelkristalle oder ein charakteristisches kleineres Musterstück. Die angegebenen Maße sind nur Richtwerte.

Beim Sammeln von Mineralien soll man schon an der Fundstätte eine Auswahl treffen, d. h., daß von jedem Mineral vor allem die typischen Musterstücke ausgesucht werden. Wenn ein bestimmtes Mineral an der Fundstätte in mehreren verschiedenen Typen, zum Beispiel verschieden kristallisiert, derb, in verschiedenen Aggregaten und in farbigen Abarten auftritt, dann wählt man die Typen so aus, daß jede Abart durch ein charakteristisches Musterstück vertreten ist. Wissenschaftlich sind vor allem die Musterstücke interessant, aus denen die Beziehung des Minerals zum Primärgestein, bzw. zu den sonstigen Gesteinen, hervorgeht. Solche Musterstücke charakterisieren am besten die Mineralvergesellschaftung (Paragenese) an dem betreffenden Fundort.

Die Aufbereitung der Mineralien für die Sammlung soll

an der Fundstätte nach Möglichkeit endgültig erfolgen, denn wenn das Format am Fundort verdorben wird, besteht noch die Hoffnung, ein ähnliches Musterstück zu finden. Auch bei der Aufbereitung des Minerals sind seine Entwicklung, das Interessante seiner Form und die bereits erwähnten genetischen Beziehungen zu beachten. Dabei ist man bemüht, ein ansehnliches und charakteristisches Stück in die Sammlung aufzunehmen, das darüber hinaus möglichst auch ästhetischen Ansprüchen genügen soll.

Es ist besonders wichtig, jedes gesammelte Musterstück noch an der Fundstätte mit einem entsprechenden Etikett zu versehen, auf dem möglichst genau der Fundort angegeben ist. Handelt es sich um einen Steinbruch, dann wird beispielsweise auch sein Abschnitt entsprechend den Himmelsrichtungen gekennzeichnet. Wenn es sich um einen Einschnitt (Austritt) an einer Straße oder Eisenbahnstrekke handelt, wird die Entfernung zur nächstliegenden Ortschaft angegeben oder andere genaue Bezeichnungen nach der Karte angeführt. Von diesen topographischen Angaben hängt viel ab, weil für eine wirklich wertvolle Mineraliensammlung nur genau lokalisierte Musterstücke einen Wert besitzen.

Jedes gesammelte Mineral wird zusammen mit dem Etikett in Zeitungspapier sorgfältig verpackt und in dem Rucksack verstaut. Man darf auf keinen Fall an Packpapier sparen, wenn die Mineralien nicht beschädigt werden sollen. Besondere Aufmerksamkeit muß man den fein kristallisierten bis feinfaserigen Mineralien widmen. In diesen Fällen ist es am zweckmäßigsten, sie in einer kleinen Schachtel fest zu verpacken. Das Verpacken in Watte wird nicht empfohlen, weil auch durch die Watte feinste Kristalle manchmal beschädigt werden können.

Dem Sammeln von Gesteinen schenken die Amateure unter den Sammlern meistens nur geringe Aufmerksamkeit, vor allem deshalb, weil die Gesteine durch ihre Form und Farbe nicht so auffallend sind wie die meisten Mineralien, die in den Sammlungen zu finden sind, aber auch deshalb, weil ihre Bestimmung für den Laien schwieriger ist.

Die Gesteine in den Sammlungen sind aber für die Beschreibung einer Fundstätte ebenso wichtig. Das Vorkommen der Mineralien in der Natur ist nichts Zufälliges, sondern gesetzmäßig, und die Mineralien stehen zu den Gesteinen immer in einer bestimmten Beziehung.

Für das Sammeln der Gesteine gelten im großen und ganzen die gleichen Regeln, wie für das Sammeln der Mineralien; nur werden die Maße, wenn es möglich ist, konsequenter eingehalten. Die Bearbeitung zur gewünschten Form und zum gewünschten Format erfolgt mit dem Geologenhammer am unverwitterten Material. Die günstigsten Abmessungen sind 6 × 9 oder 9 × 12 cm, bei einer Dicke von 3 bis 4 cm. Zu jedem Musterstück wird jeweils ein kleines Bruchstück desselben Gesteins entnommen, damit es für verschiedene Prüfversuche (zum Beispiel den Dünnschliff) zur Verfügung steht und das Format nicht beschädigt zu werden braucht. Lockere Gesteine werden in kleinen Schachteln des betreffenden Formats oder in Prüfgläschen in der Größe der Schachteln aufbewahrt.

Das größte Problem bleibt die einwandfreie Bestimmung des Minerals. Es ist selbstverständlich, daß manche Mineralien nicht allein nach irgendeinem Schlüssel ohne Anwendung weiterer Hilfsmittel bzw. Geräte bestimmt werden können, auch theoretische Kenntnisse sind eine notwendige Voraussetzung. Trotzdem kann auch der Amateur unter den Sammlern die gebräuchlichsten Mineralien seines Gebietes meistens auf Grund ihrer Beschreibung und des Studiums der einschlägigen, besonders auf ein Gebiet bezogenen Literatur, bestimmen.

Dabei wird er vor allem die physikalischen Eigenschaften beobachten, die entweder auf den ersten Blick erkennbar sind (Aussehen und Farbe des Minerals), oder die leichter zu bestimmen sind (Strich und Härte). Nach dem sogenannten Aussehen des Minerals gibt es Mineralien mit Metallglanz, halbmetallischem Glanz und nichtmetallischem Glanz. Das Aussehen der Mineralien mit halbmetallischem Glanz ist meistens unbeständig; manchmal können sie mit Metallglanz, aber auch mit nichtmetallischem Glanz in Erscheinung treten. Bei der Bestimmung der Mineralien nach der Farbe muß man von der Tatsache ausgehen, daß dasselbe Mineral oft in verschiedenen Farben auftreten kann. Schließlich ist auch damit zu rechnen, daß ein bestimmtes Mineral mit ganz anderer Färbung vorkommt, als in irgendeinem Schlüssel oder Handbuch der Mineralogie angegeben wird.

Die Anleitung zur Bestimmung des Striches und der Härte findet man auf den Seiten 20 und 24. Obwohl im Bildteil des Buches jeweils auch die Härte der betreffenden Mineralien angeführt ist, kann er nicht als mineralogischer Schlüssel angewendet werden, weil die Anzahl der angeführten Mineralarten begrenzt ist. Der Sammler wird bei der Bestimmung sicher auch die Durchsichtigkeit oder Undurchsichtigkeit eines bestimmten Minerals, die Intensität und Art des Glanzes, seine Spaltbarkeit und den Bruch verfolgen. Wenn dem Sammler Schwerlösungen mit einer bestimmten Dichte zur Verfügung stehen, kann er durch bloßes Eintauchen des Mineralbruchstückes in die Flüssigkeit wenigstens annähernd die Dichte bestimmen.

In komplizierteren Fällen ist es allerdings erforderlich, sich an einen erfahrenen Sammler mit größerer Praxis oder an einen Spezialisten der verschiedenen Institute und Museen zu wenden.

Für die Aufbewahrung der Sammlung eignet sich am besten ein Schrank mit Schubfächern. Die Mineralien und Gesteine werden in die Schubfächer nicht lose sondern in Schachteln gelegt. Damit sich die Schachteln in den Schubfächern nicht bewegen, soll man nach Möglichkeit die Gesamtfläche der Schubfächer mit den Schachteln ausfüllen; das erreicht man am leichtesten, wenn man Schachteln eines bestimmten Formats verwendet, zum Beispiel das Format 6 × 9 cm. Da jedoch in der Sammlung sicherlich auch größere und kleinere Musterstücke vorhanden sein werden, sollte man auch über Schachteln verschiedener Größe verfügen. Um die Fläche der Schubfächer restlos auszufüllen, wird die Abmessung der übrigen Schachteln so gewählt, daß sie dem Vielfachen des Formats 6 × 9 cm entspricht, zum Beispiel 9 × 12 cm und 12 × 18 cm, die kleineren 4,5 × 6 cm. Die günstigste Höhe der kleineren Schachteln beträgt 1,5 cm, der größeren 3 cm.

Jedes Mineral wird mit einem endgültigen Etikett anstelle des unmittelbar an der Fundstätte geschriebenen Zettels versehen. Auf dem Etikett wird die Bezeichnung des Minerals, sein genauer Fundort und das Datum des Sammelns oder die Art der Gewinnung (zum Beispiel durch Tausch usw.) angegeben. Der provisorische Zettel kann auch unter dem endgültigen Etikett verbleiben. Manche Sammler machen auf den Etiketten weitere Angaben, zum Beispiel die Kurzbeschreibung des Minerals und dessen chemische Formel, bzw. das Kristallsystem.

Jede Sammlung sollte so angelegt sein, daß man sich darin schnell orientieren kann. Am zweckmäßigsten sind zwei Verfahren: entweder nach dem Mineralsystem oder nach der Fundstätte. Für den regionalen Sammler ist die Ordnung nach der Fundstätte, für den Sammler, der das gesamte System ohne Rücksicht auf die Fundstätte vertreten haben möchte, die Anlage nach dem Mineralsystem vorteilhafter. In beiden Fällen ist es nützlich, ein Verzeichnis aller gesammelten Mineralien und Gesteine in der Sammlung (Inventarium) anzulegen.

VERZEICHNIS DER FACHAUSDRÜCKE

Amorphe Mineralien: Mineralien ohne gesetzmäßige Innenstruktur. Sie können deshalb keine Kristalle herausbilden und sind formlos.

Anblick des Minerals: Gesamtheit der optischen Eigenschaften eines Minerals, hauptsächlich Farbe und Glanz.

Anlauffarben: Bunte Farben der Mineralien mit Metallglanz, die durch Interferenz des Lichtes an der angewitterten Oberfläche entstehen.

Clericische Lösung: Thalium-Malonat und Formiat (Doppelsalz). **Sehr giftig!**

Dendriten: Dunkle strauchförmige Überzüge an den Klüften. Sie bestehen aus Eisen- und Manganoxyden.

Dichte der Mineralien: Zahl, die angibt, um wieviel die Masse des Minerals schwerer ist als das gleiche Volumen Wasser.

Doppelbrechung: Eigenschaft mancher Kristalle, einen Lichtstrahl in zwei zu brechen.

Druse: Gruppe der annähernd gleichlaufend auf einer gemeinsamen Unterlage gewachsenen Kristalle.

Durchwachsungszwillinge: Verwachsung der Kristalle, bei denen die Einzelkristalle durchwachsen.

Eiserner Hut (Gossan): Oberflächenzone der Lagerstätten, entstanden durch Zersetzung der ursprünglichen mineralischen Bestandteile durch atmosphärische Einflüsse.

Geode: Kristallinische Ausfüllung eines Hohlraumes im Gestein, in der Regel von gerundeter Form.

Geologie: Wissenschaft von der stofflichen Zusammensetzung und dem Aufbau der festen Erdrinde und ihrer Entwicklung.

Gesteine: Mineralvergesellschaftung, die als selbständige Einheiten an der Zusammensetzung der Erdrinde beteiligt sind.

Goniometer: Gerät zur Messung der von den Kristallflächen eingeschlossenen Winkel.

Guano-Mineralien: Mineralien, die durch die Einwirkung des Guanos, d. h. der aus den Exkrementen von Lebewesen zusammengesetzten Schichten auf ihrer Unterlage entstehen.

Härte: Widerstand, den der Körper gegen das Eindringen eines anderen Körpers entgegensetzt.

Intaglie: Schmuckstein mit Gravur.

Interferenz des Lichtes: Zusammensetzung der Lichtwellen mit verschiedenen Wellenlängen.

Isomorphe Substitution: Gegenseitige Vertretung verwandter Elemente in den Verbindungen, die dann analoge Kristallformen herausbilden.

Karsterscheinungen: Durch die Auflösung des Kalksteins und die mechanische Tätigkeit des Wassers in den Kalksteinen entstehende Gebilde.

Knollen: Allgemeine Bezeichnung aller Gebilde mit Knollenform in den Sedimentgesteinen.

Komplexerzlagerstätten: Lagerstätten, an denen gemeinsam Silber-, Blei-, Zink- und Kupfererze vorkommen.

Konkretion: Sekundär entstandene, gerundete Gebilde im Innern des Gesteins, das sie umgibt.

Kontaktmineralien: An den Kontaktflächen der Eruptiv- und Sedimentgesteine entstehende Mineralien.

Kristall: Ein Körper mit gesetzmäßiger Anordnung der Bauelemente, Ionen, Atome oder Moleküle. Unter günstigen Wachstumsbedingungen ist er durch die Flächen, die gesetzmäßig mit dem inneren Aufbau übereinstimmen, begrenzt.

Kristallanhäufung: Unregelmäßig gruppiertes Kristallaggregat des gleichen Stoffes.

Kristallinikum: Durch kristallinische Gesteine gebildeter Bereich.

Kristallinische Gesteine: Allgemeine Bezeichnung der Tiefen- und metamorphen Gesteine.

Kristallographie: Wissenschaft von den Kristallen.

Kristallsystem: Komplex der Kristalle, die von dem gleichen Achsenkreuz abgeleitet sind.

Kristallzwilling: Gesetzmäßig, keineswegs zufällig verwachsene Kristalle.

Lumineszenz der Mineralien: Lichtstrahlung, die durch vorhergegangene Beleuchtung, Reibung oder Erwärmung des Minerals entsteht.

Magma: Flüssige Silikatschmelze, aus der durch fortschreitende Abkühlung die Ergußgesteine entstehen.

Mandelsteinhohlräume: Hohlräume in manchen Eruptivgesteinen, gebildet durch die aus der Lava entweichenden Gase.

Metallfarben: Färbung der metallisch glänzenden, undurchsichtigen Mineralien.

Metasomatose: Ersetzen des ursprünglichen Mineralgehaltes durch andere, meist geringer lösliche Stoffe.

Mineral: Anorganisches, homogenes Naturprodukt in festem oder flüssigem Zustand, das einen Bestandteil der Erdrinde bildet.

Mineralogie: Wissenschaft, die sich mit der Untersuchung der Mineralien befaßt.

Mohssche Härteskala: Reihe von 10 nach der ansteigenden Härte zusammengestellten Mineralien.

Oolithe: Kleine, überwiegend kugelförmige Körper mit konzentriert geschichtetem oder strahligem Gefüge.

Paläontologie: Wissenschaft von der Entwicklung der lebenden Natur während der geologischen Vergangenheit der Erde.

Paragenese: Gemeinsames Vorkommen der Mineralien, die zusammen genetisch verbunden sind. Sie entstanden nacheinander oder gleichzeitig bei einem Naturprozeß.

Pedologie: Bodenkunde.

Petrographie: Wissenschaft, die sich mit der Erforschung der Gesteine beschäftigt.

Pleochroismus: Eigenschaft mancher Mineralien, daß die in verschiedenen Richtungen beobachteten Kristalle unterschiedliche Farben aufweisen.

Propylitisation: Hydrothermale Umwandlung (Umwandlung durch heiße Lösungen) der dunklen Mineralien und Feldspäte mancher Ergußgesteine zu einer Mischung sekundär entstandener Silikate.

Pseudomorphosen (Täuschungsformen): Kristallformen der Mineralien, deren ursprüngliche Masse durch eine andere ersetzt wurde.

Radioaktive Strahlung: Durch den Atomzerfall entstandene Strahlung.

Rezente Mineralien: Zu gleicher Zeit, vor allem durch Ablagerung entstandene Mineralien.

Rohrbachsche Lösung: Quecksilber-Bariumjodidlösung. **Sehr giftig!**

Skalenoeder: Kristallform, die bei manchen im rhomboedrischen System kristallisierenden Mineralien auftritt.

Skarn: An Kalzium und Eisen reichhaltiges metamorphes Silikatgestein.

Skarnmineralien: Hauptbestandteile des Skarnes, hauptsächlich Granate, Pyroxene und Magnetit.
Sklerometer: Gerät zur Härtemessung.
Spaltbarkeit: Ausdruck der minimalen Kohäsion im Kristall.
Spaltform: An allen Seiten durch die Spaltflächen begrenzter Körper.
Strich der Mineralien: Farbe des feinsten Pulvers eines Minerals. Er wird durch Reiben des Minerals auf einer rauhen Porzellanplatte bestimmt.
Stückige Mineralien: Durch ziemlich große Teile eines Einzelkristalls gebildete Mineralien.
Thouletsche Lösung: Quecksilber- und Natriumjodidlösung in Wasser. **Sehr giftig!**
Zeolithe: Wasserhaltige Alumosilikate ein- und zweiwertiger Elemente. Ihr innerer Aufbau gestattet es, daß ein Teil des Wassers in den Kristall eintreten oder ihm entzogen werden kann, ohne daß das Kristallgefüge gestört wird.

VERZEICHNIS DER MINERALIEN